Ernst Schwimmer

Die ersten Anfänge der Heilkunde und die Medizin im alten

Ägypten

Ernst Schwimmer

Die ersten Anfänge der Heilkunde und die Medizin im alten Ägypten

ISBN/EAN: 9783743454927

Hergestellt in Europa, USA, Kanada, Australien, Japan

Cover: Foto ©berggeist007 / pixelio.de

Manufactured and distributed by brebook publishing software
(www.brebook.com)

Ernst Schwimmer

Die ersten Anfänge der Heilkunde und die Medizin im alten Ägypten

Sammlung

gemeinverständlicher

wissenschaftlicher Vorträge,

herausgegeben von

Rud. Virchow und Fr. von Holtzendorff.

XI. Serie.
(Heft 241 — 264 umfassend.)

Heft 255.

Die ersten Anfänge der Heilkunde

und

die Medizin im alten Aegypten.

Von

Dr. Ernst Schwimmer.

Berlin SW. 1876.

Verlag von Carl Habel.
(C. G. Lüderitz'sche Verlagsbuchhandlung.)
33. Wilhelm-Straße 33.

Es wird gebeten, die anderen Seiten des Umschlages zu beachten.

Sammlung gemeinverständlicher
wissenschaftlicher Vorträge,

herausgegeben von

Rud. Virchow und Fr. v. Holtzendorff.

Serie XI., Jahrgang 1876. — Heft 241—264 umfassend.
Im Abonnement jedes Heft nur 50 Pfennige.

In der neuen XI. Serie (Jahrgang 1876) dieser mit ungetheiltem Beifall aufgenommenen Sammlung sind bereits erschienen:

Heft 241. **Kleefeld** (Görlitz), Der Diamant. Mit 17 Holzschnitten.
„ 242/43. **Kluckhohn** (München), Königin Luise von Preußen. Zur Erinnerung an ihren hundertjährigen Geburtstag (10. März 1876). Mit dem Bildniß der Königin.

Heft 244. **Lipschitz** (Bonn) Bedeutung der theoretischen Mechanik.
„ 245/46. **Furtwängler** (Freiburg i. B.), Der Dornauszieher und der Knabe mit der Gans. Entwurf einer Geschichte der Genrebildnerei bei den Griechen. Mit zwei Holzschnitten.
„ 247. **Hartmann** (Berlin), Die menschenähnlichen Affen. Mit 12 Holzschn.
„ 248. **Naumann** (Dresden), Das goldene Zeitalter der Tonkunst in Venedig.
„ 249. **Horwicz** (Magdeburg), Zur Naturgeschichte der Gefühle.
„ 250. **Buchner** (Crefeld), Der Rhein, der Deutschen Lieblingsstrom.
„ 251. **Zittel** (München), Die Kreide. Mit 4 Holzschnitten.
„ 252. **Osenbrüggen** (Zürich), Die Schweiz in den Wandelungen d. Neuzeit.
„ 253. **Möhl** (Cassel), Der Boden und seine Bestimmung.
„ 254. **Tollin** (Magdeburg), Charakterbild Michael Servet's.
„ 255. **Schwimmer** (Budapest), Die ersten Anfänge der Heilkunde und die Medizin im alten Aegypten. Eine kulturhistorische Skizze.
„ 256. **Schmidt** (Berlin), Schiller und Rousseau.
„ 257. **Buchholz** (Greifswald), Land und Leute in Westafrika. [Dieser Vortrag ist die letzte Arbeit des verdienstvollen Forschers und die einzige zusammenhängende Darstellung seiner afrikanischen Erlebnisse.]

Die

erſten Anfänge der Heilkunde

und

die Medizin im alten Aegypten.

~~~~~~~~

Eine kulturgeſchichtliche Skizze

von

Dr. Ernſt Schwimmer,

Docent in Budapeſt.

Berlin SW. 1876.

Verlag von Carl Habel.

(C. G. Lüderitz'ſche Verlagsbuchhandlung.)

33. Wilhelm - Straße 33.

Je entwickelter und bedeutungsvoller uns heute Kunst und Wissen=
schaft in ihren verschiedenen Gestaltungen erscheinen, und je mehr
durch den Scharffinn menschlichen Geistes die Bedürfnisse unseres
täglichen Lebens sich verfeinerten und veredelten, desto begreiflicher
ist das Streben die Anfänge aller kulturellen Errungenschaften zu
erforschen und den Ursprung der geistigen Schätze, deren wir uns
heute erfreuen, zu ergründen.   Daß Kunst und Wissenschaft nur
in stufenweiser Entwicklung sich zu vervollkommnen vermochten,
ist wohl jedem Gebildeten bekannt, es fragt sich nur, wie stand
es um die Ursprünge dieser erhabenen Güter der Menschheit, und
welchen Gang nahm die Entwicklung der einzelnen Geistesthätig=
keiten innerhalb der frühesten Zeitepochen.

Die Erörterung dieser oder ähnlicher Fragen hat ihre großen
Schwierigkeiten, und nicht ohne Bedenken kann man sich an die
Lösung derselben machen.   Obgleich man es hiebei nicht mit
philosophischen Problemen zu thun hat und obgleich keinerlei
Verhältnisse transcedentaler Natur eine derartige Untersuchung
und deren Beurtheilung stören, dieselbe vielmehr auf die Erforschung
realer Dinge sich bezieht, so führen uns diese Untersuchungen doch
auf ein Gebiet, wo die Mythe die Wahrheit verdrängt, und wo
es schwierig erscheint zu . behaupten: hier endet die Fabel, hier

die Wahrheit. In der Geschichte ist mehr als in der Philosophie das Forschungsvermögen durch zeitliche und räumliche Verhältnisse begrenzt, aber die höhere Intelligenz lehrt uns diese Grenzen erweitern, und den geistigen Horizont immer freier und offener vor unseren Sinnen zu entfalten. Wo vor Jahrhunderten ein urtheilsloser blinder Glaube die Deutung unerklärlicher Erschei= nungen aus dem Leben der Natur oder der ältesten Kultur zu vermitteln strebte, dort wirkt heute mit besserem und sicherem Erfolge ein durch vernünftiges Denken geschultes Urtheil im Verein mit den Errungenschaften moderner Wissenschaft. Nur so wurde es möglich, trotz des zeitlichen Abstandes, der unsere Epoche von dem Zeitalter eines grauen Alterthumes trennt, manche Räthsel einer verloren gegangenen Kultur einfacher und richtiger zu lösen, als dies den Bestrebungen einer früheren Wissensperiode gelingen konnte. Die Entzifferung der Hieroglyphen, die Erforschung der Keilschrift haben uns höchst merkwürdige und seltsame Aufschlüsse geboten, und nur sie haben es ermöglicht, einen Einblick in das Leben vieler, schon längst vom Erdball verschwundener Nationen zu erlangen.

Ob der Mensch zu allen Zeiten sowohl als einzelnes In= dividuum, als auch als Mitglied einer Gesellschaftsklasse oder eines Stammes um die physische Erhaltung seiner selbst Sorge getragen, wissen wir nicht. Das Bestreben, durch natürliche oder künstliche Mittel seinen Organismus gesund zu erhalten, dürfte bis zu einem gewissen Grade jedoch dem rohen Naturvolke ebensowenig gemangelt haben, als einer auf einer vorgeschrittenen Kulturstufe stehenden Nation. Schon der Erhaltungstrieb im Kampfe mit der Natur und wilden Thieren zwang ihn, sich gegen die feindlichen Einflüsse, die auf ihn allerwärts einstürmten, zu wehren und gegen krankhafte Zufälle zu schützen, und dieser Schutz, den er seinem Verstande und seiner Bildung entsprechend suchte, war gewiß mit ein Factor zur Entwicklung einer praktischen Thätigkeit, die ihm zur Zeit der Krankheit hilfreiche Hand zu bieten vermochte, und die sich allmälig zu einer Lehre heranbildete, welche oft Genesung zu bringen im Stande war, nämlich der Heilkunde. Die Entstehung der Heilkunde hängt demnach innig mit der Entwicklung eines kulturellen Lebens der menschlichen Race zusammen, und wir können uns eine Geschichte der ersteren gar nicht ohne Zusammenhang mit der Geschichte der letzteren denken.

Die vorhistorische Zeit des Menschengeschlechtes in den Kreis unserer Betrachtungen zu ziehen, erscheint gewagt, und dürfte scheinbar zu bloßen hypothetischen Bemerkungen Anlaß geben; nichtsdestoweniger wollen wir selbe nicht unberührt lassen, wenngleich uns hierbei nur Rückschlüsse gestattet sind, die auf mehr oder weniger Wahrscheinlichkeit fußen. Die vielen inter=essanten Funde und Grabungen, welche die Geologen veranstalteten, um die Urgeschichte der Menschen immer deutlicher und offen=kundiger zu gestalten, haben uns über vielerlei Momente der Thätigkeit des frühesten Menschengeschlechtes Kunde gegeben; wir können mit ziemlicher Genauigkeit Aufschluß geben über gewisse Zweige der Industrie, die man in allerältesten Zeiten geübt, über die Waffen, die man besessen, über die Höhlen, die man bewohnt und über die Grabstätten, die man errichtet. Die Merkmale kulturellen Lebens, die uns in den Ueberresten mannig=facher Art erhalten sind, liefern uns dergestalt die Contouren zu einem werthvollen, die Urzustände unseres Geschlechtes dar=stellenden Bilde, zu welchem die lebhafte Fantasie gelehrter Forscher die farbenreichen Töne geliefert, und dessen Vollendung wir den mehr weniger richtigen Schlußfolgerungen der Gelehrten verdanken. Inwieweit die Auffassung und Darstellung derselben unanfechtbar, dies zu untersuchen ist nicht unsere Aufgabe, doch bietet der Umstand, daß viele Eigenheiten und Gewohnheiten bei späteren Völkerschaften sich vorfinden, die auf ererbte Gebräuche und Sitten zurückgeführt werden müssen, ein werthvolles Kenn= zeichen für die Richtigkeit des Urtheils. — Fragen wir nun, wie es um die Pflege der Kranken bestellt war, wie man gegen selbe verfuhr, ob man sie vor nachtheiligen Einflüssen zu schützen und ihnen zu helfen versuchte, so fehlt uns darüber jede positive Angabe.

Lubbock, der berühmte englische Archäologe vermuthet, daß Neugeborne, deren Mütter kurz nach der Geburt oder während des Säugens starben, mit den Letztern zugleich begraben wurden, denn nur so konnte er sich die große Zahl von Kinderskeletten erklären, die neben weiblichen Skeletten in den Grabstätten des Steinzeitalters gefunden wurden. Dem entsprechend scheint es nicht unglaublich, daß auch Krankheiten, die die Leistungsfähigkeit des Individuums aufhoben, in jener Zeit gleichbedeutend mit dem Aufgeben des Erkrankten selbst gewesen sein dürften. Es ist z. B. bei manchen Indianerstämmen heute noch üblich, Schwer= kranke, für deren Genesung man geringe Hoffnung hegt, fern von dem Orte der Ansiedlung auszusetzen, und sie so dem sichern Tode zu überliefern. Die Scythen, ein in der Gegend des heutigen Bessarabien lebendes, kriegerisches Volk, über welches bei Herodot ausführliche Mittheilungen zu finden, tödteten ihre Kranken, um die Leiden derselben abzukürzen; während die Massa= geten, welche die Aeltesten ihres Stammes schlachteten und als Lieblingsgericht verschmausten, ihre verstorbenen Kranken unter dem Ausdrucke des Bedauerns beerdigten, weil sie hierdurch des Fleischgenusses verloren gingen. Von den Spartanern ist es bekannt, daß sie die Neugebornen, falls sie ihnen nicht genug kräftig und gesund erschienen, dem Tode überantworteten, indem sie sie in eine Bergeskluft am Taygetes warfen und selbe dort elend zu Grunde gehen ließen. Und so dürften die ältesten, der urgeschichtlichen Epoche angehörenden Völker besondere Schonung für das Leben einzelner Individuen nicht gekannt haben, zumal dann, wenn die Erhaltung derselben mit Mühen oder Sorgen verknüpft schien.

Da man dem Lebenden in der Krankheit nicht viel zu leisten vermochte, so trachtete man den Verstorbenen desto mehr Anerkennung und Ehren zu zollen und dies in der mannigfachsten Weise, und auch hier finden wir die gleichen auf Tradition beruhenden Vorgänge von praehistorischen und historischen Zeitaltern. Die Nachwelt staunt wohl mit Recht über die Großartigkeit und Mächtigkeit der aegyptischen Pyramiden, die nichts anderes als Grabstätten vornehmer oder ruhmreicher Persönlichkeiten darstellen. Doch wenn wir an der Hand der Geschichte oder der Mythe nachforschen, ob in einer noch frühern Zeit berühmte Verstorbene durch Denkmäler geehrt wurden, so ist es wohl zweifellos, daß selbst die Pyramiden ihre Vorbilder gehabt haben dürften, die bis in ein fabelhaftes Zeitalter zurückreichen. Als Beispiel hierfür können die von andern Völkerschaften bekannten und in ähnlicher Weise geübten Ehrenbezeigungen für illustre Todte gelten. Homer erzählt von Grabhügeln, die man dem Andenken Hektor's und anderer Führer errichtet hatte, und Achilles ehrte den verstorbenen Freund und Genossen Patrokles durch ein Grabmal, dessen Durchmesser 100' betragen haben soll. Semiramis, Gemahlin des Königs Ninus hat nach der Tradition ihrem verstorbenen Gatten zu Ninive eine Grabstätte errichtet in Gestalt eines hohen Berges, der 9 Stadien (5400') hoch und 10 Stadien breit war, und noch lange nach der Zerstörung Ninive's bestanden haben soll. Von diesen sagenhaften Denkmälern nimmt die ernste Wissenschaft keine weitere Notiz, wohl aber von den Ueberresten der Grabmäler, welche allein deutliche Kunde geben von einem Kulturleben, das sich allmälig entwickelt und ausgebildet hatte, und welchen wir die wichtige Thatsache verdanken, daß Tausende Jahre vor der historischen Zeit, Beerdigung menschlicher Leichen ebensowohl als Verbrennung derselben stattgefunden hatte. — Die Urnen, welche die Asche der Verstorbenen enthalten, und die Grabstätten, welche menschliche Skelette aufweisen, lassen mit Recht vermuthen, daß man die irdischen Ueberreste der Todten aufzubewahren suchte; ob es aus Pietät für den Verstorbenen geschah, oder ob der Gebrauch religiösen Anschauungen entsprang darüber haben wir kaum annähernde Vermuthungen. —

Fragen wir nun weiter, wie es in diesen späteren Zeiten um die Heilung von Krankheiten gestanden haben mochte, so sind wir auch auf bloße Vermuthungen angewiesen. Wir haben schon oben angedeutet, daß insolange der Mensch im Kampfe ums Dasein, sein nacktes Leben zu vertheidigen hatte, so lange dürfte er kaum um den kranken Nebenmenschen Sorge getragen haben. Von der Zeit an jedoch, wo die Menschen zu Völkerschaften vereint, Raub= und Kriegszüge unternahmen, wo sie sich gegenseitig bekämpften und überfielen, wo die Sucht zu herrschen durch List und Gewalt ertrotzt wurde, und die rohe Kraft den Mächtigen zum Siege über die Schwächern verhalf, da gab es wohl heiße Kämpfe und Schlachten; Pfeil und Wurfspieß, Keule und Schleuder verursachten manche lebensgefährliche Verletzung und Contusion, und wenn der Verwundete nach Hilfe gerufen, so konnte ihm diese sein Kampfgenosse wohl nicht versagen. Die heilbringende Kraft der Pflanzenwelt scheint wohl zunächst bei den Verletzten versucht worden zu sein, Blätter und Kräuter, die in würziger Waldluft blühten, Gräser die auf üppigen Wiesen grünten, waren rasch zur Hand, und mit selben bedeckte und verband man die schmerzhaften und verwundeten Theile des Körpers, während ein erquickender Trunk den Durst des Fiebernden löschte und den Schmachtenden erfrischte. Mancherlei Handgriffe waren

wohl auch in Anwendung gekommen, um bei Verrenkungen oder
Knochenbrüchen das Bestreben der heilenden Natur zu unterstützen,
und so dürften manuelle Hilfeleistungen bei vielfachen Uebeln
durch die Noth veranlaßt, zuerst versucht worden sein, und die
Chirurgie in ihren rohesten Anfängen in mehr ähnlicher Weise
bei allen Völkern sich entwickelt haben. Die Wirkung der Pflan=
zenstoffe hatte man, nachdem sie in äußerlicher Anwendungsform
manchmal gute Dienste geleistet, auch weiters bei innern Krank=
heiten versucht, und durch zahlreiche Erfahrung belehrt, selben
einen mehr weniger günstigen Einfluß auf den Organismus
zuerkannt. Die Heilkunde Aegyptens und Griechenlands liefert
zahlreiche Beispiele von der erprobten und beliebten Heilkraft
einzelner Kräuter, die sich in Ueberlieferungen aus ältesten Zeiten
erhalten hatte.

Was ursprünglich die Nothwendigkeit gebot, wurde später
zur Uebung oder Gewohnheit, und man brachte es schließlich
dahin, daß man Unterscheidung zu machen vermochte, wo den
Leidenden die Hilfe zu reichen, und welche Wahl zu treffen war,
um durch die Hilfeleistung einen Erfolg oder Nutzen zu erzielen.
Dies war natürlich nicht Jedermanns Sache, und da die Unter=
stützung Kranker durch Rath und That gewiß Anerkennung
und Belohnung fand, so gab es manche Dienst= und Heilbe=
flissene, die durch diese menschenfreundliche Thätigkeit zu Ehre und
Ansehen gelangten, und Achtung, ja selbst Verehrung genossen. Die
Namen jener, die zuerst und zumeist sich mit der Heilkunde befaßten,
verlieren sich ins mythische Alterthum; man bezeichnete Götter,
Halbgötter und Menschen als die ersten Erfinder und Verbreiter
der Heilkunde sowohl bei den Aegyptern als Griechen. Von den
Gottheiten Osiris, Bacchus, Hermes, (Mercur) und Apollo
war im Alterthum die Sage verbreitet, daß sie sich mit Heilung
von Krankheiten befaßten, während wieder Chiron, Aesculap,

Melampus als mythische Personen verehrt, und nach ihrem Tode unter die Götter versetzt wurden, ob der großen Verdienste, die sie sich um die Menschheit erworben hatten, indem sie die Arzuei= kunde geübt, und nicht nur Wohlthäter ihrer Zeitgenossen gewesen, sondern auch Vorbilder für die Nachwelt geworden sind. Daß in der Verehrung der Gottheiten auch die Natur in ihren verschieden= artigen Erscheinungen verehrt wurde, lehrt uns die Geschichte der Mythologie und Edward Tylor[1]) sagt über den Ursprung desselben ganz treffend: „die erste und hervorragendste unter den Ursachen, welche die Thatsachen der täglichen Erfahrung zu Mythen umbilden, ist der Glaube an das Belebtsein der ganzen Natur, der in seiner höchsten Form zur Personification gelangt." So hatte man nach den frühesten Anschauungen Sonne und Mond sich von menschlicher Natur gedacht, und sie menschlichen Be= griffen entsprechend, entweder als Mann und Frau betrachtet wie bei den Indianern, oder als Bruder und Schwester wie bei den Aegyptiern, wo sie auch als Gottheiten Isis und Osiris verehrt wurden. Der Helios oder Sonnengott der homerischen Gesänge griff persönlich in die Schicksale der Menschen ein, und deckte mit seinem strahlenden Lichte die Schändlichkeiten der Götter und Menschen auf — kein Wunder, daß man ihm in Griechenland, Syrien und Rom Tempel erbaute und Altäre errichtete. In gleicher Weise ehrte man die Gestirne des Himmels als belebte und beseelte Wesen, eine Anschauung, die sich noch bis in's Mittel= alter hinein erhalten hat, betete zu Götterbildern in Griechenland, zu Thieren in Aegypten als den Symbolen der Götter, denen sie geheiligt waren, und dehnte den religiösen Kultus schließlich auf alle Naturerscheinungen, die menschlicher Fassung und Deutung unerklärlich schienen, aus. Der Donner= und Regengott, der Gott des Krieges, des Ackerbaues und des Todes, der in allen polytheistischen Religionen sich wiederfindet, ist nur die Personi=

fication jener unerklärlichen Gewalten, die die Welt beherrschen, und das Schicksal der Menschen bestimmen.

Diese mythischen Vorstellungen, die aus niedersten Religions= kulten entsprangen, erklären es, daß man sich in den frühesten Zeiten nicht allein im Sinne der Anbetung und Verehrung an die belebte und personificirte Natur wandte, sondern daß man auch zur Zeit der Noth und der Krankheiten von ihr Hilfe und Rettung erwartete. Dies geschah sowohl figürlich als wirklich, und äußerte sich nach zwei Richtungen in mystischer und natu= ralistischer Weise, und zwar: in ganz concreten Formen, wie wir sie in den medicinischen Lehren des Alterthum's vertreten finden. Die erstere, d. i. die mystische Form, in welcher die Heilkunde zur Geltung gelangte, wurde in den ältesten Epochen überwiegend und fast ausschließlich in Aegypten geübt, während die naturalistische Richtung der Medizin erst allmälig nach Abstreifung der aus Aegypten überkommenen Lehren und Grundsätze hauptsächlich im klassischen Lande der Hellenen Wurzel faßte und dort zur höchsten Blüthe gelangte. Mit der Darstellung der mystischen Lehren der Medicin kommen wir auf die Heilkunde der Aegyptier zu sprechen.

Aegypten.

I.

Aegypten das Land der Wunder und der Sagen, dessen Kulturanfänge in eine Zeitepoche reichen, über welche wir nur Vermuthungen haben, und dessen Kulturniedergang zu einer Zeit erfolgte, wo die Civilisation in Europa erst aufzudämmern begann, dieses Land lieferte stets eine Fülle interessanter und staunenswerther Momente für den Touristen und den Forscher. Ein regenloser blauer Himmel dehnte sich damals wie heute über den größten

Theil eines Reiches, dessen Inneres von einem segenspendendem Fluße durchschnitten wird, der in unerkannter und noch heute nicht genau bestimmter Entfernung seinen Ursprung nimmt, der durch das Steigen seiner Fluthen die Feuchtigkeit des Bodens ermöglicht, und seine Bewohner in ungestörter Behaglichkeit ernährt. Reich an seltenen und eigenthümlichen Produkten, erregte Aegypten's liebliche und lebendige Pflanzen= und seine merkwürdige Thier= welt stete Bewunderung. Die üppige Flora einerseits: die pracht= volle Nilakazie, die wildwachsende Kaktusstaude, die Palmenwälder und Sykomorenhaine im Innern des Delta, die weiße Lotosblume mit ihrer nahrhaften Wurzel und den schmackhaften Samen, die vielverwendbare jetzt ausgestorbene Papyrusstaude — anderseits die reiche Fauna: voran das gewaltige Nilpferd, das an vorwelt= liche Thiergestalten erinnert, das plump geformte Krokodil, der am Nilufer schleichende Ichneumon, der heilige Ibis, — all' diese unter einem heißen Klima entstandenen Schöpfungen waren für den Fremdling von unwiderstehlichem Reize. Der lernbegie= rige Grieche, der sein Wissen in Aegypten zu bereichern strebte, der auf Eroberung ausgehende Römer, der das Nilland zu unterjochen kam, sie alle waren von dem Zauber dieses Landes ebenso umstrickt wie der Reisende unserer Tage, den die Sehnsucht nach Wunder= dingen nach Aegypten führt, oder wie der gelehrte Forscher, der im ehemaligen Pharaonenlande neue Wissenschaft mit alter Kultur zu vereinen strebt. Denn so wie die Natur, war auch das Volk der alten Aegyptier ganz merkwürdig. Eine hohe geistige That= kraft zeichnete dieselben vor allen andern der bewohnten und belebten Erdstriche Asien's und Afrika's aus, und erzeugte eine Suprematie im Gebiete der Kunst und des Wissens, die den spätern klassischen Völkern zur Nachahmung diente.

Es hält nicht schwer diese geistige Macht, zu der sich die Nilbewohner aufgeschwungen hatten, unserm Verständniße zu er=

schließen. Die Thätigkeit und Leistungsfähigkeit eines Volkes konnte leicht eine bedeutende Entwickelung nehmen in einem Lande, wo die günstigsten klimatischen und Bodenverhältnisse vorwalten, das von Meeren geschützt, Generationen hindurch von fremden Eroberern verschont, von klugen Despoten beherrscht und von schlauen Priestern regiert war. Die zahlreichen und unverletzt erhaltenen Monumente der Baukunst, sowie die Ueberreste eines hohen geistigen Kulturlebens, liefern beredte Zeugnisse für die einstige Größe der alten Aegyptier.

Außer den für unsere Kenntnisse uns zu Gebote stehenden Quellen der griechischen Schriftsteller und den Angaben der heiligen Schrift, hat uns die Entzifferung der Papyrusrollen die über= raschendste und interessanteste Aufklärung über viele Dinge, und darunter auch der Medicin, gegeben, und die jetzige Wissenschaft hat erst dadurch für manche unglaubwürdig erscheinende Mitheilung anderer Art die volle Bestätigung erhalten. Die Papyrusrollen deren Inschriften durch Jahrhunderte für die Kulturgeschichte des Pyramidenreiches unentzifferbare Räthsel bildeten, die Zeichen und Bilder der Grabmäler und Säulen, die Wandgemälde auf Obelisken und Tempelmauern, die mit Figuren aller Art bedeckten Leinwandstreifen, mit denen die Mumien eingehüllt waren, sie alle wurden durch die mit seltenem Scharfsinn und dem größten Aufwand von Gelehrsamkeit unternommene Entzifferung der Hieroglyphenschrift für die Wissenschaft neuerdings aufgeschlossen. Dergestalt wurden auch viele Punkte, die auf wissenschaftliche Thätigkeit des aegyptischen Volkes, und auf ärztliche Vorgänge bei demselben sich beziehen, für uns klar und verständlich. Alles deutet hin auf die große Macht und den Einfluß der Priester, und der religiöse Charakter, der alle Thätigkeiten beeinflußte, war ebenso auf die staatlichen Einrichtungen als auf die wissenschaft= lichen Bestrebungen Aegyptens von nachhaltiger Einwirkung, und so kam es, daß einzelne Zweige des Wissensgebietes, wie Geschichte, Theologie und Philosophie, Astronomie und deren Auswüchse, die Astrologie, wo der Mysticismus den günstigsten Boden fand, in viel bedeutenderem Maße gediehen als jene Zweige der Wissenschaft, wo die Vorgänge der Natur mit forschendem und prüfendem Geiste zu ergründen waren.

Deshalb hatte auch die Medicin, die gleichermaßen in Aegypten ihren Ursprung und ihre Ausbildung genommen im Vergleich zu den übrigen Wissenszweigen sich mäßiger entwickeln können. Hierzu kam noch der sociale Uebelstand, daß die obersten Gesellschaftsklassen das Volk in ungemein despotischer Weise beherrschten und aussaugten. Ursprünglich dürfte wohl die Behandlung kranker Menschen, die wie Lastthiere betrachtet wurden, gar nicht geübt worden sein. Zu einer Zeit, wo man 2000 Mann drei Jahre lang beschäftigte, einen einzigen Stein von Elephantine nach Sais zu schleppen, wo der Kanal nach dem rothen Meere 120,000 Aegyptiern das Leben kostete,[2] und der Bau der großen Pyramide 20 Jahre hindurch die Arbeit von 360,000 Menschen in Anspruch nahm, was mag da wohl ein Menschenleben werth gewesen sein? — Später jedoch, als das unterdrückte Volk gegen seine Herrscher revoltirte, als man die Erlernung von Gewerben begann,[3] und die Arbeit einen Preis bekam, da hatte auch das Menschenleben und die Erhaltung der Gesundheit einigen Werth, und von da an datiren wohl die ersten ernstlichen Versuche zur Behandlung der Kranken.

Die medicinischen Lehren und Thätigkeiten waren sowohl in ihrer ursprünglichen Form als auch später mit mystischen Vorstellungen innig verknüpft. Gebete, Riten, Zeremonien mannigfacher Art mischten sich in die Lehren der Heilkunde, und die Magier oder Priester waren die Vermittler zwischen den kranken Menschen und den unsichtbaren Gewalten. In einem so theo-

kratifchen Staate, wie es Aegypten war, wo die Priefter die mäch=
tigfte Stellung einnahmen, das Volk und die Könige beherrfchten,
Abgaben für die Gottheiten und Tempel einheimften, Opfer in
Geftalt von Thieren und Feldfrüchten einhoben, fich felbft aber
von allen drückenden Laften zu befreien wußten — dort konnte
es nicht Wunder nehmen, daß diefe hochgeehrte und bevorzugte
Kafte die Ausübung der Medicin, die in ihrer Art auch als ein
Mittel zur Vergrößerung des Anfehns und der Macht anzufehen
war, in den Bereich ihrer Wirkfamkeit zogen. —

Das Kaftenfyftem war kaum in einem mittelalterlichen Feu=
dalftaat fo ausgebildet als unter den Aegyptiern, und felbft die
Priefter rangirten nach verfchiedenen Abftufungen, und durften
je nach ihrer Thätigkeit fich nur an gewiffe Befchäftigungen halten.
Die Oberpriefter befaßen die größte Macht, und die Geheimniffe, die
fie in ihren Myfterien bewahrten, wurden nur den eingeweihten
Prieftern und den Königen mitgetheilt, die demnach unter dem
Einfluß diefer höchften Kafte ftanden.[4]) Im Ganzen gab es 8
verfchiedene Priefterklaffen, die ihre Attribute und Berufspflichten
in ihren Familien erblich aufrechterhielten, und unter diefen waren
die Paftophoren, Priefter, welche bei feierlichen Gelegenheiten
und Prozeffionen die Götterbilder und Tempelinfignien trugen,
jene Klaffe, welche fich ausfchließlich mit Heilung von Krankheiten
befaßten. Zu einer andern Klaffe gehörten die Taricheuten
oder Einbalfamirer, Priefter, welche alle auf die Zubereitung der
Leichen und Mumificirung derfelben bezüglichen Anordnungen zu
vollführen hatten.

Die Lehren der Priefter waren theils folche, welche durch
mündliche Ueberlieferungen, theils folche, welche durch fchriftliche
Aufzeichnungen den Eingeweihten kundgegeben wurden. Die
Erfteren waren voll Heimlichkeit und Myfticismus, und griechifche
Schriftfteller, welche uns von dem ftaatlichen und privaten Leben

Aegyptens so interessante Mittheilungen hinterließen, welche aus eigener Anschauung ihre Kenntnisse von Land und Leuten gewonnen und während ihres Aufenthaltes im Pharaonenlande von aegyptischen Priestern selbst manche wissenschaftliche Aufklärung erhalten hatten, schweigen wie Herodot[5]) mit der größten Hartnäckigkeit wo es sich um die Geheimlehren der aegyptischen Priester handelt, oder bringen wie Plutarch[6]) oder Diodorus[7]) nur eine unklare Zusammenstellung von aegyptisch-mystischen Lehren mit griechisch-philosophischen Anschauungen vermengt. Schiller drückt in seinem bekannten Gedichte „Das verschleierte Bild zu Saïs", wo der Uneingeweihte mit Gewalt den Schleier, der die Mysterien deckt, zu lüften suchte und darob besinnungslos zu Boden stürzte, in poesievoller Weise aus, was unter den Mysterien vermuthet ward: Die Ergründung der ewigen Wahrheit.

Die schriftlichen Priesterlehren waren im Gegensatze zu den mündlichen keine verbotenen Früchte; Clemens von Alexandrien erzählt, daß unter den 36 Büchern der Priesterlehre oder der hermetischen Wissenschaft, 6 Bücher ausschließlich von den Krankheiten und Heilmitteln handelten, und daß die Pastophoren den Inhalt derselben kennen mußten.[8]) Was die Priester erdacht, oder in ihrem Aberglauben sich zurechtgelegt, was göttliche Eingebung, übersinnliche Vorstellung, subjective Auslegung und schlaue Deutung für richtig erscheinen ließen, das wurde gesammelt, und galt für den Codex aller theoretischen und praktischen Gelehrsamkeit, deren stete Hüter die Priester blieben.

Die exceptionelle Stellung, welche diese Kaste demnach einnahm, wurde von derselben auch gehörig ausgebeutet, und sie hatte sich durch die Verbreitung und Pflege der Wissenschaften, zu denen auch die Medicin zählte, nicht geringe Verdienste erworben. Der Ruf, dessen sich die Priester ob ihrer ausgebreiteten Kenntnisse und großen Gelehrsamkeit erfreuten, drang weit über die

Grenzen ihres Vaterlandes, und nach Plutarch[9]) haben die weisesten Männer unter den Griechen wie Solon, Thales, Plato, Demokritos, Pythagoras und Andere nicht nur ihre Ausbildung aus aegyptischen Händen gewonnen, sondern auch den Ruhm aegyptischer Weisheit weiter verbreitet. Diese von den griechischen Gelehrten und Philosophen gerühmte Weisheit bezog sich zumeist auf religiöse und mystische Dinge, und diese waren es wieder, die den Ruf großer Heiligkeit erzeugten und die Priester geradezu zwangen, in Bezug auf Lebensweise, Sitten und Gebräuche besondern und strengen Verpflichtungen sich zu unterwerfen. Viele dieser allmälig zu Gesetzen sich umwandelnden Gebote, bezogen sich auf die Pflege und Sorgfalt des Körpers. So galt die Circumcision, diese eigenthümliche hygienische Maßregel als wichtiges Postulat des Priesterthum's, und dieser Zeremonie mußte sich auch Pythagoras unterziehen, als er sich in die Priesterkaste aufnehmen ließ. Es war ferner Gesetz,[10] „daß die Priester sich alle drei Tage am ganzen Körper scheeren und zweimal jeden Tag und jede Nacht baden mußten." Was ursprünglich die Priester thaten, wurde später auch mit gewissen Modificationen vom Volke gehalten. Auf Reinhaltung des Körpers wurde gesehen, und gegen das Entstehen von Krankheiten durch eine Kleider- und Speiseordnung Vorsorge getroffen.

Wie sehr man die Reinlichkeit in Bezug auf die Pflege des Körpers beachtete, erhellt aus den vielen Sanitätsvorschriften, die im allgemeinen Gebrauch waren. Häufige Waschungen und Bäder im heiligen Nil, Einreibungen des Körpers mit riechenden Oelen und Salben, Räucherungen in Tempeln und Wohnhäusern waren in täglicher Uebung, und viele dieser Maßnahmen, die man Jahrhunderte hindurch bei einzelnen orientalischen Völkern übte, werden dort zum Theil heute noch in Anwendung gezogen.

In inniger Verbindung mit der Hygiene stand die Kosmetik,

und durch selbe bedingt, der Wunsch sich zu schmücken und zu zieren. Dies ist um so erklärlicher, als die Frauen, die bei den Ägyptiern eine bevorzugtere Stellung einnahmen als bei irgend einem andern Volke des Alterthums, sich durch hohe Genußsucht und Sinn für öffentliche Vergnügungen besonders hervorthaten.[11]

Metallspiegel, Kämme, Oehlbüchsen, Skarabäen, Ringe, Haarnadeln und andere Zierrathe, die in den Sarkophagen gefunden wurden, waren ebenso zierliche wie zweckmäßige Behelfe zur Ausschmückung des Körpers. Mundpillen aus Mastix und Honig, Myrrhen und Wachholder[12] gaben dem Athem einen angenehmen Duft, gleich den Cachour französischer Apotheker; Haarwülste und Frisuren, unter denen wir ganz exquisite Vorbilder für die Chignons unserer Damen finden, zierten das Haupt.[13] Die Wandgemälde auf den Tempelwänden in Theben gestatten uns die Annahmen, daß man nicht nur zu glänzen liebte sondern auch mit Sorgfalt sich zu schmücken wußte. In den „historischen Inschriften," die ein hervorragender Aegyptologe, Dümichen, in's Deutsche übertragen und die geschichtliche Details aus den dynastischen Kriegen der Pharaonenkönige enthalten, findet sich eine Stelle, die von den Parfum's der alten Aegyptier Kunde giebt.[14] Wenn es unsern Chemikern gelingen könnte, das göttliche „ana" wiederzugewinnen, ein kosmetisches Mittel, das in überschwenglicher Schilderung „die Haut dem Golde und Elfenbein ähnlich, und wie von himmlischem Sternenglanze strahlend erscheinen läßt", so hätten die Dermatologen unserer Tage eine leichte Arbeit, wo es sich um die Verbesserung einer kranken Haut oder eines vernachlässigten Teints handelt.

Wir sehen demnach, daß man selbst im alten Aegypten nebst körperlicher Pflege, den Luxus so weit er auf äußern Zierrath und Verschönerung des Körpers sich bezog, nicht außer Acht ließ; trotz alledem muß man anerkennen, daß die Aegyptier ein eminent

ernstes, ja düsteres Volk waren. Ihre große Hinneigung zu reli=
giösen und mystischen Handlungen, die Großartigkeit und Pracht
ihrer Tempel, die hingebungsvolle und kindliche Verehrung ihrer
Götter und Götzen waren beredte Zeugen eines tiefen Glaubens=
lebens. Letzteres erklärt auch den mächtigen Einfluß, den alle
Arten von Vermittler erlangten, die die Beziehungen zwischen
unsichtbaren Mächten und irdischen Wesen zu unterhalten ver=
standen, und derart gelangten Wahrsager und Traumdeuter zu
Ansehn, und die Leiter aller geistigen und geistlichen Beziehungen
zu Macht und Würden. Die Priester wußten aber auch in
kluger Weise die irdischen Zustände mit überirdischen Verhältnissen
in Einklang zu bringen, in den Gestirnen suchten sie die Be=
schützer der Menschen und ihres leiblichen Wohls, und den Gott=
heiten eigneten sie einzelne Körpertheile als unter ihrer Obhut
stehend zu. [15])

Je roher und unwissender das Volk war, mit desto größerer
Scheu sah man dann auch auf die Vermittler zwischen Menschen
und Göttern. Das ganze Gebahren des Priesterstandes war von
mystischem Handeln erfüllt, und die ärztliche Thätigkeit war ein
ergiebiges Terrain für selbes. Die Art, wie die Magier und
Priester Aegyptens ihre Macht zu behaupten wußten, diente für
alle Zeiten zum glänzenden Vorbilde für jenen Stand, der stets
die geistige Herrschaft in Händen zu halten strebte. Die begeisterten
Propheten Judas und Israels, die Seher Griechenlands, die
Priester Roms, sie können nur als geistige Nachfolger der
ägyptischen Priester gelten, gleichwie die Geistlichen im Mittel=
alter den Supranaturalismus als beste Stütze ihrer Macht be=
trachtend, nur dadurch ihre herrschende Stellung zu behaupten
verstanden. Der Mysticismus erscheint demnach zu allen Zeiten
als eine dem Menschengeschlechte innewohnende Glaubensneigung,
an welcher es in der Kindheit der Kultur unerschütterlich hängt,

ohne daß jedoch mit zunehmender Reife und Bildung der Glaube an wunderbare und überirdische Dinge, zumal in der Medicin, gänzlich abgeschüttelt wird. [16])

Es leidet keinen Zweifel, daß die ägyptischen Priesterärzte troß ihres mystischen Gebahrens sich auch bemühten, womöglich gegen die Krankheiten direkt einzuschreiten, entsprechend den kindischen und unklaren Anschauungen, die man von dem Wesen der Krankheit selbst hatte. [17]) Die praktische Medicin war ja stets die Vorläuferin der theoretischen, und nicht nur in den ältesten Zeiten der medicinischen Kunst ging die Behandlung stets der Bezeichnung für eine Krankheit voraus, sondern auch heute noch versucht man, freilich in anderer Weise, die Krankheitssymptome zuerst zu bekämpfen, oft bevor noch das Wesen der Erkrankung klar erscheint. Der Erfolg hatte in der Medicin stets seinen großen Werth und die medicinische Wissenschaft hatte darum von jeher das Vorrecht genossen, in speculativem und mystischem Geiste ausgebeutet zu werden, und je unverständlicher eine Lehre erschien, desto leichtere Verbreitung fand sie und um so besser war dies für ihre Erfinder. Ohne Berufung auf die Geheimlehren des Alterthums genügt es auf die großen medicinischen Schwindel-Errungenschaften des leßten Jahrhunderts hinzuweisen, von denen leider nur einige der wohlverdienten Vergessenheit anheimzufallen beginnen. Ist der Somnambulismus, der Mesmerismus, die Homöopathie, der Spiritismus etwa besser als die ägyptische Mystik?

II.

Die aegyptischen Priesterärzte hatten nun, wie bemerkt, auf zweifache Weise die Heilung der Krankheiten angestrebt, entweder in Form des reinen Mysticismus, indem sie sich an die Götter um Rath wandten, Träume zurecht legten, und Beschwörung

von Geistern, die man in dem kranken Körper vermuthete, unter=
nahmen — oder in der Weise, daß man nach den Vorschriften
der hermetischen Wissenschaft eine regelrechte Behandlung ver=
suchte. Die Traumdeuter und Wahrsager hatten die Aufgabe,
die durch Träume bewerkstelligten Kundgebungen der Gottheit
zu. erklären, und mußten in wichtigen socialen und politischen
Fragen ebenso ihre Meinung abgeben, als dort wo es sich um
die Gesundheit handelte. Die Erhebung des biblischen Josef,
eines Fremdlings, zu einem aegyptischen Statthalter läßt be=
urtheilen, welches Ansehen Traumdeutung und Astrologie genoß,
wie sehr man alle äußeren Vorgänge von dem Einfluß höherer
Gewalten ableitete und welche Belohnung jener harrte, die eine
günstige Deutung zu bieten im Stande waren. — Diese über=
irdischen Gewalten und Geister spielten bei Krankheiten eine
wichtige Rolle, man betrachtete sie als in den Körper der
Betroffenen eingedrungene Dämonen,[18]) und die gegen die
Krankheiten vorzunehmende Behandlung bezweckte eben die Ver=
treibung derselben. Maspero, ein vorzüglicher Aegyptologe,
hat eine in der Bibliothèque nationale zu Paris befindliche
Säule (stele) worauf eine durch Exorcismus unternommene Be=
handlung verzeichnet steht, entziffert, deren kurzer Auszug folgender=
maßen lautet.[19]) „Ein asiatischer Prinz aus Bochtan, kam zu
Rhamses XII., der beiläufig 1260 vor Christus herrschte, mit der
Bitte um einen Wahrsager behufs Behandlung einer kranken
Königstochter, die von einer schrecklichen Krankheit ergriffen war.
Der König ließ einen der erfahrensten Priester zur Kranken
reisen, doch war er trotz aller Bemühungen nicht im Stande,
den Dämon auszutreiben. Rhamses wandte sich nun an den
Gott Chunsu, der seinen Stellvertreter in Gestalt eines Götzen
zur Kranken sandte. Selber wurde mit großen Ehren in
Bochtan empfangen, und der Dämon, der bis dahin die Prinzessin

beſeſſen hatte, entfernte ſich unter großer Ehrerbietung vor dem Standbild der mächtigen Gottheit, und die Kranke genas." Selbſtverſtändlich hatte man die Diener der großen Gottheit reichlich beſchenkt und mit prächtigen Gaben wieder nach Hauſe geſandt.

Die Dämonomanie galt zu allen Zeiten; die cultivirtern Aegypter, Aſſyrer und Perſer der alten Welt glaubten an Geiſter und Dämonen, und auch bei den weniger cultivirten Nationen alter und neuer Zeit begegnen wir mitunter gleichen Ideen. So beſteht heute noch bei einigen Völkerſchaften der Glaube, daß jede krankhafte Veränderung des Körpers durch einen böſen Geiſt veranlaßt wird, und ein franzöſiſcher Reiſender, d'Orbigny[20]) erzählt die ergötzliche Thatſache, daß man in Patagonien behauptet, jeden Kranken bewohne ein böſer Dämon, daher führen die „Medicinmänner" ſtets eine Trommel mit Teufels= figuren bemalt bei ſich herum, und ſchlagen dieſelbe am Bette des Kranken um den böſen Geiſt aus dem Körper zu vertreiben. In ähnlicher Weiſe behandelte Rubens dieſen Gegenſtand in einem prachtvollen Gemälde, der in den kaiſerlichen Gallerien des Wiener Belvedere befindlichen „Teufelsaustreibung", die aus dem Jahre 1620 ſtammt. Daſelbſt wird die Heilung von Tob= ſüchtigen und Beſeſſenen unternommen, denen der berüchtigte Ignatz von Loyola kraft ſeiner heiligen Macht die krankheitserzeugen= den Dämonen austreibt, die ſodann feuerſpeiend aus dem Fenſter hinausfahren. Der mediciniſche Geiſterglaube, der im Alter= thume ein allgemeiner war, hat ſich ſonach bis in ſpätere Zeit= alter treu erhalten, oft freilich in einer viel nachtheiligern und beſchämendern Form. So hat der Hexen= und Teufelsglaube des Mittelalters, welcher die böſen Geiſter für die Urſachen vor= handener Seuchen hielt, in ſeinen Wirkungen viel ärger und viel bösartiger gehauſt, als der Volks= und Dämonenglaube der

Wilden und der Götzendiener. Weniger roh aber nicht minder
lächerlich erscheint der moderne Spiritismus, der mit Verstorbenen
und aus fremden Welten herbeigerufenen Geistern verkehrt, und
Krankheiten durch selbe zu heilen vorgiebt, wie wir dies vor
einigen Jahren in einem vor dem Pester Criminalgericht ab=
gehandelten Prozesse sahen, wo ein spiritistischer Arzt durch
Citirung der Geister Humboldt's und Arago's einen epileptischen
Knaben heilen zu können unternahm. Erscheint ein solcher Vorgang nicht viel bemitleidenswerther vor dem Urtheil einer wissen=
schaftlichen Forschung, als der Glaube der aegyptischen Aerzte an
die Macht der Dämonen?

Fragen wir nun, wie es sich mit der directen Behandlung
in Aegypten verhielt, so finden wir, daß man dort, wo in den frühesten
Kulturepochen Fatalismus und Mysticismus in vollster Blüthe
standen, allmälig mit fortgeschrittener Kultur sich selbst an
ärztliche Behandlung gewagt und praktische Medicin in aus=
gedehnter Weise geübt hatte. Die bei griechischen Autoren vor=
findlichen diesbezüglichen Angaben, rühren sowohl von mündlichen
Berichten her, welche den in Aegypten reisenden griechischen Ge=
lehrten mitgetheilt wurden, zum Theil auch aus den medicinischen
Schriften, welche einen Theil der hermetischen Bücher ausmachten,
die im Alterthum bekannt waren, für uns aber verloren gingen,
wenn anders dieselben nicht neuerdings durch den sogleich zu
erwähnenden medicinischen Papyrus Ebers wieder zu Tage ge=
fördert wurden. Sechs Bücher der hermetischen Wissenschaft
waren, wie früher bemerkt, medicinischen Inhalts und selbe scheinen
eine ziemlich lückenhafte Darstellung von der Anatomie und
Pathologie umfaßt zu haben. Nach Pausanias glaubte man,
daß die ägyptische Gottheit Thot[21]) von einzelnen Forschern
für identisch mit einer andern Gottheit, Hermes gehalten, die=
selbe verfaßt hatte. Hermes (nicht mit der griechischen Gott=

heit gleichen Namens zu verwechseln) war der Sage nach der Schöpfer alles Wissens und demnach auch der Heilkunde, und hat seine medicinischen Kenntnisse auf steinernen Säulen (stele) eingegraben[22]), von selben übertrug man die Inschriften auf Papyrusrollen, und der Inhalt derselben diente den Priester- ärzten zur genauen Befolgung. Als Beispiel, wie strenge die Lehren der hermetischen Medicin gehalten wurden, gilt die An- gabe von Diodorus[23]) „daß die Aerzte die Behandlung nach den Grundsätzen einer durch lange Zeiträume beobachteten, und von den besten Aerzten zusammengestellten Methode leiten mußten." Dies erleichterte auch die medicinischen Eingriffe, denn wenn man sich nach den heiligen Codices hielt und die Kranken nicht retten konnte, so war der Arzt von jeder Schuld frei, behandelten die Aerzte aber nach eigenem Gutdünken, so wurden sie mit dem Tode bestraft.

Den späteren griechischen Aerzten müssen die Kenntnisse der hermetischen Medicin sehr kindisch erschienen sein, und Galen[24]) sagt ausdrücklich, „daß selbe sehr albern sind", trotzdem sind selbe für die Beurtheilung der ägyptischen Medicin von hohem Werthe, der noch bedeutend gesteigert wurde durch die Ent- zifferung einer Papyrusrolle, welche der deutsche Gelehrte Ebers früher in kurzem Auszuge[25]), in jüngster Zeit aber in voll- ständiger Uebersetzung[26]) mitgetheilt, und welchen Papyrus er für die verlorengegangene hermetische Medicin hält[27]). Ob diese Vermuthung richtig ist oder nicht, bleibt der Beurtheilung einer fachmännischen Kritik überlassen, für uns handelt es sich nur um das wissenschaftliche und kulturelle Interesse das wir einer authentischen Mittheilung entgegenbringen müssen, welche die Schilderung von Krankheiten und deren Behandlung aus einer altersgrauen Zeitepoche enthält, und uns einen Einblick gestattet in die Art und Weise wie man in Aegypten vor etwa 3500 Jahren Medicin getrieben.[28])

Der Papyrus Ebers besteht aus 110, auf schön und wohlerhaltenen Rollen geschriebenen Seiten, und zerfällt in zahlreiche Abschnitte und Kapitel. Der Beginn der Papyrus lautet folgendermaßen: „Es fängt an das Kapitel vom Bereiten der Arzneien für alle Körpertheile von Personen", und enthält Sprüche eingegeben vom „Beherrscher des All's" zur Beseitigung des Unheils, welches die Kranken von den Dämonen erleiden. Der weitere Inhalt dieses Abschnittes ist ein Gemisch von magischen und mystischen Vorschriften, und enthält Anrufungen an die Gottheiten, wie z. B. „Möchte mich Isis heilen wie sie Horus heilte von allen Uebeln." Hierauf folgen Sprüche, die bei der Bereitung der Arzneien zu halten sind.

Der zweite Absatz enthält ein Kapitel von dem Trinken der Arzneien sammt Sprüchen, die hierbei zu sagen sind, wenn die Kranken die Medicamente nehmen. So lautet einer wie folgt: „Mächtig sind die Zauber über den Arzneien, es kommen die Arzneien, es kommt die Heilung der Dinge in diesem Herzen und diesem Körpertheile" und schließt mit den Worten: „Gesprochen beim Trank der Arzneien der Ordnung gemäß einmal." — Der Gebrauch der Arzneien war stets von der Aeußerung heiliger Sprüche begleitet, und selben schrieb man dann auch die gute Wirkung derselben zu. Gewöhnlich mußte der Arzt, der dem Kranken die Medicamente reichte, die Formeln sprechen, und es findet sich in einer andern hieroglyphischen Reliquie, die als berliner medicin. Papyrus bekannt ist, ein solcher Spruch, der nach Chabas[29]) folgendermaßen lautete: „Erhebe Dich in guter und vollkommener Gesundheit für immer, mögen alle Krankheiten, die in Dir stecken, zerstört werden, Dein Auge möge durch Ptah (Gott) geöffnet werden, und Dein Mund durch Sokaris."

Im Papyrus Ebers folgt auf das Kapitel des Arzneitrinkens das der Krankheiten und der dagegen zu reichenden Medicamente, ein Kapitel, das Ebers für den interessantesten Theil des ganzen Werkes hält. Obgleich wir diesen umfangreichen Papyrus nicht im Detail verfolgen können, so führen wir nach den bekannten Angaben und Auszügen nur soviel an, daß die medicinische Pathologie den Aegyptiern nicht nur nicht fremd war, sondern daß einzelne Gebiete derselben eine beachtenswerthe Würdigung gefunden hatten. Die Beschreibungen der Krankheiten sind mit den in reichlicher Menge angegebenen Heilmitteln untermengt, und die letzteren in verschiedenartigsten Zusammenstellungen an=einandergereiht. Auf die Arzneien gegen Bauchleiden folgen Mittel gegen Kopf= und Herzkrankheiten, gegen Fieber und Jucken in den Gliedern, gegen Fuß= und Rückenleiden u. s. w. Am meisten berücksichtigt waren wohl die in Aegypten endemischen Uebel, und zu denen gehörten Augen= und Hautkrankheiten. In erster Linie zählen die Krankheiten der Augen, welche im Papyrus Ebers einen 9 Seiten großen Umfang einnehmen, und Schilderungen enthalten, die für die moderne Ophthalmologie manch interessante Angabe enthalten dürfte. Augenleiden waren in Aegypten eine wahre Landplage, wahrscheinlich durch den feinen Wüstensand und die tropische Hitze veranlaßt; heute noch sind bösartige Erkrankungen der Bindehaut des Auges daselbst häufig, und dienen bekanntlich in unserer Wissenschaft auch zur Bezeichnung einer schweren Blennorrhoe. — Die alten Aegyptier hatten nun in ihrer Heimat reichliche Gelegenheit Augenleiden genauer zu studiren, und erfreuten sich schon im Alterthum des Rufes bedeutender Augenärzte. Die Perserkönige, die den griechischen Aerzten das größte Vertrauen schenkten, hatten zur Behandlung von Augenleiden ägyptische Aerzte in's Land gerufen, und wenn die Vermuthung einzelner Gelehrten richtig ist, scheint

man in Aegypten sogar den Staarschnitt schon gekannt zu
haben. — Ebers führt unter den mannigfachen Formen der
Augenkrankheiten und deren Behandlungsarten, die man gekannt
zu haben scheint, an: den Nebel im Auge, die Entzündung der
Augen, das Oeffnen des Sehfeldes in den Pupillen hinter den
Augen durch das Bestreichen des Auges mit dem Safte Corchorus,
sowie Heilmittel über die Contraction der Pupillen.

Bezüglich der Hautkrankheiten sind in dem Papyrus
Ebers einzelne dürftige Angaben zu finden, die sich jedoch nur
auf die Anführung einzelner Mittel gegen den Kopfgrind, gegen
den Ausschlag, gegen das Ausfallen und Grauwerden der Haare ꝛc.
beziehen. — Deutlicher als der P. E. läßt uns die heilige
Schrift und spätere Schriftsteller vermuthen, daß mannigfache
Hautleiden in Aegypten häufig vorkamen.

Obenan dürfte wohl der in den Nilländern zahlreicher als
in andern Gebieten Asiens und Afrikas zu beobachtende Aussatz
stehen: die Elephantiasis Graecorum oder Lepra Arabum, wie
das Uebel von den Aerzten des Mittelalters benannt wurde.
Die in ägyptischer Sklaverei lebenden Juden waren von diesem
endemischen Uebel gewiß nicht verschont, und die im alten
Testamente[30]) beschriebenen namentlich mit Fleck und Geschwürs=
bildung einhergehenden Hautleiden beziehen sich wohl großentheils
auf Leprakranke. Ebenso kann man die in der heiligen Schrift
angegebenen hygienischen und therapeutischen Maßnahmen gegen
dieses Uebel als lokalen Verhältnissen entnommen betrachten.

Eine öfter vorkommende Krankheit dürften die „Uchet"
gewesen sein, da eine Beschreibung derselben sowohl im Papyrus
Ebers als im berliner medicin. P. zu finden ist. Als Stylprobe
der ägyptischen Pathologie wollen wir eine Beschreibung dieser
Krankheit nach dem berliner Papyrus folgen lassen.[31]) Daselbst
heißt es von einem Kranken: „Sein Unterleib ist schwer, der

Mund seines Magens ist krank, sein Herz brennt, in der Nacht quält ihn der Durst; geht er zu Stuhle, so versagt sein Leib die Entleerung. In seinem Unterleibe ist Entzündung, und wenn er sich erhebt, so gleicht er einem Menschen, den man hindert, sich zu bewegen." —

Wir finden in dieser Schilderung wohl eine ganze Reihe von Symptomen, die auf ein schweres Leiden hinzudeuten scheinen, doch wäre es gewagt, durch selbe eine bestimmte Krankheit erkennen zu wollen.

Was nun die eigentlichen Heilmittel der Aegyptier betrifft, so haben wir bloße Vermuthungen über dieselben. Isocrates hält sie für sehr einfach[32]) und glaubt, daß man sie wie Nahrungsmittel nehmen könne, und bei deren Gebrauch nichts wage. Die Verwendung solcher indifferenter Medicamente erscheint jedoch, wenn wir den Papyrus-Angaben folgen, nicht recht glaublich, vorausgesetzt, daß man darunter auch andere als auflösende oder abführende Heilmittel, die in der ägyptischen Medicin eine wichtige Rolle spielten, verstanden hatte, oder daß griechischen Philosophen Abführmittel ebenso ungefährlich erschienen als Nahrungsmittel. — Alle Stellen jedoch, die von Medicamenten handeln, verrathen ihre Beziehungen zum Darmkanal. In dem medicin. berl. Pap. findet sich z. B. unter verschiedenartigen Heilformen auch eine, die zur Heilung bei Harnverhaltung dient,[33]) und zwar: Wein, Rost von Bronze und Meersalz zu gleichen Theilen als Klystier zu benutzen. Andere Heilformeln enthalten wieder höchst widerliche und ekelerregende Substanzen bei innerlichen und äußerlichen Leiden; so Excremente von Thieren, Harn von Menschen, Galle vom Kalbe, Verschlucken von Eidechsen etc.

Im Pap. Eb. sind Mischungen aromatischer Stoffe erwähnt, Kyphi, welche zu Räucherungen in den Tempeln oder bei

Opferungen Anwendung, doch auch als Heilmittel Benutzung fanden. Plutarch beschreibt eine solche Mischung³⁴), welche, wenn sie getrunken wird „das Innere zu reinigen und den Unterleib zu erweichen scheint." Andere im Pap. Ebers mitgetheilte Kyphi-Recepte dürften Parfümeriemittel gewesen sein, denn einige dienten „den Geruch der Kleider und des Hauses angenehm zu machen", während andere in Form von Mundpillen die Erfrischung des Athems bezweckten.

Die ungeheure Menge der verschiedensten Arzneistoffe erklärt es, daß man schon im Alterthume Aegypten für ein Land hielt, daß reich an Heilmitteln und Aerzten war, und bei Homer heißt es:³⁵)

„ . . . . Aegyptos, wo viel die nährende Erde
„Trägt die Würze zu guter und viel zu schädlicher Mischung.
„Wo auch jeder ein Arzt, die Sterblichen all an Erfahrung
„Ueberragt." —

Plinius, Diodorus, Plutarch, alle rühmen Aegyptens Reichthum an Heilmitteln, und kein Wunder, das man selbe gerne und häufig verwendete.

Im Allgemeinen scheint der Gesundheitszustand der Bewohner Aegyptens ein günstiger gewesen zu sein, und Isokrates der Redner hebt sogar die lange Lebensdauer, deren sich die Aegyptier zu erfreuen hatten, besonders hervor. Ob die klimatischen Verhältnisse, ob die mäßige Lebensweise, deren man sich in Aegypten befleißigte, dazu beigetragen haben, ist nicht zu bestimmen. Jedenfalls scheint Unmäßigkeit im Essen und Trinken verachtet gewesen zu sein, und der Papyrus Prysse³⁶) (so genannt nach dem Auffinder dieser Papyrusrolle in Theben im Jahre 1847) enthält eine Reihe von Lebensregeln, die gleichzeitig als diätetische Vorschriften gelten können. „Ein Laster ist die Völlerei." „Elend ist, wer seinem Bauche fröhnt, oder wer ver=

bringt seine Zeit in Unbewußtheit: Dickleibigkeit herrscht im Hause Solcher" u. s. w.

Die ätiologischen Momente, denen man das Entstehen der Krankheiten zuschrieb, suchte man im Verdauungskanal, und es scheint, daß man die physischen Uebel von dem Genusse gewisser Nahrungsmittel ableitete.[37] — Das Befolgen einer vernünftigen Diätetik hatte wohl ihren hygienischen Nutzen, selbstverständlich konnte jedoch das Entstehen der Krankheiten dadurch nicht verhütet werden. Die Priester gingen auch hierin mit dem entsprechenden Beispiel voran und hatten mit äußerster Strenge gewisse Speiseregeln befolgt. Plutarch erwähnt über dieselben:[38] „Daß die Priester nicht allein die meisten Arten von Hülsenfrüchten, Schaf- und Schweinefleisch verabscheuen, sondern auch bei ihren religiösen Reinigungen das Salz von ihren Speisen entfernen, um nicht durch seinen Reiz die Begierde zum Essen und Trinken zu vermehren." Trotzdem ging man in der Fürsorge für die Gesundheit noch weiter und hatte den Verdauungskanal, den Sündenbock für alle Uebel, besonders malträtirt. So war es Landessitte, daß man in jedem Monate einmal seinen Körper 3 Tage hindurch reinigte und zwar durch Anwendung von Brechmitteln, Fasten und Klystieren.[39] Wenn nun die Gesunden aus Furcht erkranken zu können, mit steten „Reinigungsmitteln" sich quälten, wie mag es erst um die Behandlung der Kranken bestellt gewesen sein! Wenn wir den Angaben des Aristoteles[40] Glauben schenken dürfen, so waren die Kranken fast besser daran als die Gesunden, denn ein Gesetz verbot den ägyptischen Aerzten bei Eintritt einer heftigen Erkrankung, gleich gegen selbe einzuschreiten, und erst am 4. Tage oder mehrtägiger Beobachtung konnte man zu Purgir- und Brechmitteln greifen. In diesen Grundsätzen sehen wir demnach rohe Empirie mit theilweisem Nihilismus gepaart, und da über den Gebrauch von Blut-

entziehungen beglaubigte Angaben zu finden sind,⁴¹) so können
wir es wohl aussprechen, daß die Kranken im alten Pharaonen=
reiche in gewisser Beziehung nicht ärger daran waren als jene
Unglücklichen, die unter dem Einflusse der Lehren zweier in unser
Jahrhundert hineinreichenden ärztlichen Koryphäen standen,
nämlich Rasori und Broussais, den Helden des Contrastimulus
und der Aderlässe. Jedenfalls hätte der Arzt in Molière's
„malade imaginaire" mit seinem „purgare und clysterium donare,„
ebenso wie die ganze medicinische Zunft des 17. Jahrhunderts
im alten Aegypten stammverwandte Seelen gefunden!

III.

Diesen Erörterungen zufolge unterliegt es keinem Zweifel,
daß man gegen die mannigfachsten Krankheitszustände bald zum
Supranaturalismus und bald zu einer wirklichen Heilmethode
griff, oder beide nach Umständen in abergläubischer Weise mit=
einander verband. Es fragt sich nun, wie es um die Fundamental=
lehren der Medicin, um die Anatomie und die Physiologie ge=
standen hatte.

Allem Anscheine nach dürften die ägyptischen Priester
anatomische Kenntnisse besessen haben, da ihnen sowohl durch
die Zergliederung der Opferthiere als auch durch die Ein=
balsamirung ihrer Todten dazu Gelegenheit geboten war, und
Manetho, ein im 3. Jahrhundert vor Chr. lebender ägyptischer
Schriftsteller, dessen Glaubwürdigkeit von späteren Forschern
jedoch angezweifelt wird, schreibt von anatomischen Büchern:
„Athothis, der Sohn des Menes hat die Königsburg in Memphis
gebaut, und von ihm hat man Bücher über Anatomie, denn er
war ein Arzt"⁴²). In der spätern Zeit hielt man die Aegyptier
sogar für das erste Volk, das Anatomie getrieben, doch war dies
durchaus nicht der Fall, und wir müssen die den Aegyptiern

zugeschriebenen anatomischen Kenntnisse für sehr niedrig anschlagen. Dies läßt sich aus vielerlei auf authentischen Quellen fußenden Angaben erschließen. Vor Allem ans den Einbalsamirungen selbst. Die Art und Weise, wie man bei selber zu Werke ging, konnte die anatomischen Kenntnisse gewiß nicht fördern, weil man nicht, wie Plinius vermuthete, die Leichenöffnungen aus wissenschaftlichen, sondern aus rein religiösen Gründen vornahm und weil man nicht jedesmal, sondern nur in einzelnen Fällen mittelst einer sehr mittelmäßigen Methode die Kopf= und Bauch= höhle von ihrem Inhalte befreite, ohne weitere Berücksichtigung auf die anatomischen Verhältnisse der Körpersysteme. Die durch Mumification beabsichtigte Erhaltung der Leichname beruhte auf dem Glauben von der Unsterblichkeit der Seele und deren Wanderung, eine religiöse Ansicht, die bei den Aegyptiern zuerst Boden gefaßt hatte. Dieselben betrachteten das Leben im Jenseits als eine Fortsetzung ihrer irdischen Laufbahn, nur mit dem Unterschiede, daß man daselbst, außer man gelangte in die Unter= welt, frei von allen Mühseligkeiten und Plackereien sich befinde, eine Glaubenslehre, die bekanntlich auch in den monotheistischen Religionen zum Theil zu finden. Nur glaubte man, daß „die Seligen" manchmal aus der himmlischen Wohnung in's Erdreich zu wallen pflegten, und ihre Gräber aufsuchten, weshalb man die irdischen Hüllen, in denen sie einmal gehaust, möglichst gut zu erhalten trachtete.[43] Die Mumification gedieh solchermaßen zu einer besondern Kunst, und wurde für eine besondere Priester= klasse zu einem einträglichen Gewerbe. Herodot und Diodorus[44] schildern den dabei zu befolgenden Vorgang wie folgt: Nach= dem die Verwandten des Verstorbenen mit den Einbalsamirern Rücksprache genommen, um je nach Rang und Vermögens= verhältnissen die Mumificirung auszuführen, wurde der Leichnam den Priestern übergeben. Es gab dreierlei im Preise verschiedene

Arten der Einbalsamirung, doch nur bei der ersten und theuersten wurde die Bauch- und Kopfhöhle geöffnet, während bei den andern die Körperhöhlen unverletzt blieben. — Die Kopfhöhle wurde in der Weise von ihrem Inhalte befreit, daß man das Gehirn mittelst eines krummen, hakenförmigen, gebogenen Eisens durch die Nasenlöcher herauszog, und darauf wohlriechende Mittel hineingoß. — Für die Oeffnung der Bauchhöhle gab es einen eigenen Prosector, παρασχίστης, der mit einem scharfen Stein an der linken Seite des Unterleibes einen tiefen Schnitt machte und alsogleich davon lief, da die umstehenden Verwandten mit Steinen nach ihm warfen. Dieser von Diodorus hervorgehobene Umstand faßt einen sonderbaren Widerspruch in sich, und läßt vermuthen, daß die Aegyptier, so sehr sie durch Mumificirung die Leiber der Verstorbenen für die Ewigkeit zu erhalten strebten, dennoch die Eröffnung des Leichnams als eine strafwürdige Entweihung betrachteten. Die durch den Paraschistes geöffnete Bauchhöhle wurde von den Priestern gereinigt, mit Palmwein und Spezereien aller Art gefüllt, zugenäht, und die Leiche hierauf durch 70 Tage in einer Natronlösung belassen. Nach Ablauf dieser Zeit wurde der Leichnam abermals gereinigt, mit Bändern aus Linnen und Bissus, die mit Gummi bestrichen waren, umwickelt, in einen hölzernen Sarg, der nach menschlichen Conturen und dem Leichnam entsprechend verfertigt war, gelegt und von den Verwandten, an eine Wand des Grabmals gelehnt, aufbewahrt. Derartig bemalte und Jahrhunderte hindurch wohlerhaltene Holzsarkophage sind, zumeist ohne Inhalt, in allen nennenswerthen europäischen Museen zu sehen. Wenn wir nun, wie bemerkt, die Mumificirung durchaus nicht als einen die wissenschaftlichen Bestrebungen fördernden Vorgang bezeichnen können, so liefert schon der Umstand, daß der Prosector nach Eröffnung der Bauchhöhle sich aus Furcht vor Steinigung flüchten mußte, umsomehr den Beweis, daß die religiösen Grundsätze jede anatomische Forschung beeinträchtigten.

Ausdrucksweisen für anatomische Verbindungen waren wohl bekannt, und Ebers führt eine Stelle an, wo es heißt: daß in den Schläfen, im Kopfe, den Ohren und den Gefäßen je 4, in den Händen und Füßen je 6 Blutgefäße verlaufen, doch fehlt jede nähere erklärende Angabe dafür, ob man unter der hiero= glyphischen Bezeichnung Blutgefäße, Nerven oder gar Muskeln verstanden haben konnte.

Mit der Physiologie war es auch nicht besser bestellt als mit der Anatomie. So erzählt Aulus Gellius [45]), daß die Gewohnheit der Römer und Griechen, die Ringe am Ringfinger der linken Hand zu tragen, von einer ägyptischen Sitte abstamme, indem man bei der Eröffnung menschlicher Leichname, wie dies in Aegypten der Fall war, einen sehr zarten Nerv gefunden hatte, der von diesem Finger ausgehend mit dem Herzen in Verbindung steht. — Ferner glaubte man, daß das Herz von der Geburt bis zum 50. Lebensjahre jährlich um ½ Loth zu= nehme und von da an um ebensoviel abnehme, was den Eintritt des Todes veranlaßte.

Eine wissenschaftliche Medicin gab es dem Angeführten zu= folge im alten Aegypten nicht, desto ausgebreiteter war jedoch die praktische ärztliche Thätigkeit, und die Zahl jener, welche sich mit der Heilung von Krankheiten befaßten, scheint eine sehr be= deutende gewesen zu sein. Das Heilgeschäft, das ursprünglich die Priester besorgten, ging mit der Zeit in die Hände von Laien, respective Aerzten, über, die sodann als solche überall wirkten. Das Kastensystem hatte auch auf diesen Stand seinen unver= kennbaren Einfluß. Sowie der Ackerbauer, der Gewerbtreibende, der Handelsmann u. s. w. nur ihrer erlernten Thätigkeit vorstehen durften, sich durch besondere Uebung vortheilhafte Kunstfertigkeiten und Kunstgriffe aneigneten, welche sie ihren direkten Nachkommen vererbten, die dann die Summe der ererbten Kenntnisse durch Weiterbildung vergrößerten, so hatten auch die Aerzte, die sich nur je mit einzelnen Krankheitsformen befassen durften,[46]) gewisse praktische Kenntnisse gesammelt, die sie ihren Familiengliedern wieder als Erbtheil hinterließen. Während nun einerseits die von den Voreltern gewonnene Erfahrung im Bereiche des ärztlichen Wissens von unleugbarem Nutzen für deren Nachkommen war, hatte andrerseits das Kastenwesen, vermöge dessen der Sohn das Gewerbe oder die Thätigkeit des Vaters zu ergreifen bemüßigt war, den geistigen Horizont gesetzlich eingeengt, und die individuelle Leistungsfähigkeit zweifellos beeinträchtigt.

In der praktischen Heilkunde offenbarte sich darum zumeist der Mangel eines freien Blickes, einer weitausschauenden Auffassung und Combination in der Beurtheilung einzeluer Erscheinungen, Momente, die die Grundlage einer medicinischen Diagnostik bilden. Es gab lauter Spezialisten aber keine geschulten Aerzte, und nur da, wo es sich um äußerliche Krankheitsformen handelte, hatte diese einseitige Richtung sich mit Nutzen verwerthen lassen. Die Aegyptier hatten demnach auch in der Behandlung gewisser Krankheitsformen sich einen dauernden Ruhm erworben, der lange noch nach der Vernichtung der Selbstständigkeit ihres Reiches anhielt. Wir haben schon oben des Rufes erwähnt, dessen sich die ägyptischen Augenärzte außerhalb ihres Heimatslandes erfreuten, auch als Dermatologen überragten sie ihre medicinischen Zeitgenossen. — Als zur Zeit der römischen Weltherrschaft der römische Ritter Cossinus an einem Flechtenübel litt, ließ sein kaiserlicher Freund Nero einen ägyptischen Arzt nach Rom kommen, der nach vollendeter Kur reich beschenkt nach Hause kehrte[47]). Plinius erzählt ferner, daß unter Kaiser Tiberius ein ansteckender böser Ausschlag aus Asien nach Italien

3*

verschleppt wurde (morbus tanta foeditate ut quaecunque mors
praeferenda erat)⁴⁸); um nun dieſer Seuche leichter Herr zu
werden, ließ man aegyptiſche Aerzte, die in ihrer Heimat mit
dieſem Uebel ſchon vertraut waren, nach Rom zur Behandlung
kommen, welche nach anſcheinend glücklichen Heilerfolgen große
Beute nach Hauſe ſchleppten.

Was die Chirurgie anlangt, die als ein Zweig der prak=
tiſchen Medicin überwiegend mit äußeren Uebeln zu thun hat,
dürfte ſelbe in Aegypten kaum mit gleichem Erfolge als andere
mediciniſche Thätigkeiten geübt worden ſein. Hierzu fehlten die
nothwendigen anatomiſchen Kenntniſſe und entſprechenden In=
ſtrumente⁴⁹). Die in Aegypten bekannteſten operativen Ein=
griffe: die Circumciſion, und die behufs Einbalſamirung noth=
wendige Eröffnung der Unterleibshöhle, geſchah nicht mit metall=
nen Inſtrumenten, ſondern mit einem ſcharf zugeſpitzten aethio=
piſchen Steine; Chabas⁵⁰) gibt einige Abbildungen dieſer in
den Muſeen von Turin, Leyden und Berlin vorfindlichen In=
ſtrumente, die das Ausſehen einer roh geformten Klinge haben,
wie ſie etwa an den bei uns gebräuchlichen Raſirmeſſern zu ſehen
ſind. Auch chirurgiſche Handgriffe dürften nicht nur in den
früheſten, ſondern auch in der ſpätern Zeit nicht ſehr bekannt
geweſen ſein, und es wäre einmal einigen aegyptiſchen Aerzten
ob ihrer diesbezüglichen Ungeſchicklichkeit bald übel ergangen.
Der Perſerkönig Darius⁵¹) hatte ſich nämlich auf der Jagd
eine Verrenkung im Fußgelenke zugezogen. Die an ſeinem Hofe
befindlichen Leibärzte, Aegyptier, verſuchten den aus dem Gelenke
getretenen Knöchel wieder einzurichten, doch vergebens, und ſie
hatten durch unzweckmäßiges Ziehen und Zerren die Folgen der
Contuſion nur geſteigert, ſo daß der König qualvolle Tage und
Nächte verbrachte. Da wurde nun dem Herrſcher mitgetheilt,
daß unter den Gefangenen ein griechiſcher Arzt, Demokedes, ſich

befinde, dem es auch nach kurzer Zeit gelang, den König wieder vollkommen von seinem Leiden zu befreien. Als nun Darius mit seinen Leibärzten einen kurzen Prozeß machen, und sie für ihre Ungeschicklichkeit auf Pfähle spießen lassen wollte, da hat des Demokedes Fürbitte selbe von scheußlichem Tode gerettet. — Wahrlich ein edler Zug eines Arztes gegen seine Collegen, wie man ihn im Mittelalter von einem Jünger Aesculap's gegen seine Zunftgenossen kaum verzeichnet hätte, denn Agrippa, ein zu Ende des 15. Jahrhunderts wirkender geistvoller Arzt, schildert seine Collegen als „homines omnium scelestissimi, discordissimi et invidentissimi"[52]); wahrscheinlich hätte ein mittelalterlicher Collega statt des Pfahlspießens eine mildere Todesart vorgeschlagen!

Werfen wir noch einen Blick auf die materielle Seite des ärztlichen Standes in Aegypten. — Wir dürfen annehmen, daß die Aerzte sowohl als Priester und später auch als von hierarchischen Fesseln befreite Männer in der Gesellschaft eine wichtige Rolle gespielt haben. Indem sie die Gesundheit ihrer Mitbürger überwachten, waren sie für das Leben des Einzelnen verantwortlich, und da sie nach strengen Weisungen vorgehen mußten, so werden sie sich wohl gehütet haben, ihr eigenes Leben durch Uebertretung gesetzlicher Vorschriften zu verwirken. Unter solchen Verhältnissen werden sich wohl alle die Heilkunde ausübenden Personen für ihre Mühewaltung schadlos zu halten gesucht haben. Als Priester nahmen sie sich ihren Theil von Opfern, Abgaben und Geschenken, und als Aerzte im engern Sinne erhielten sie eine direkte Bezahlung. Ursprünglich bestand selbe in Naturalien,[53]) und dafür mußten sie für Jedermann mit ihrer Kunst zu Diensten sein, später aber wurden sie bezahlt, und wahrscheinlich nicht schlecht. Wir besitzen wohl keine sichern Nachrichten, wie man in Aegypten die Aerzte honorirte, bei den

Perserkönigen und in Rom wußten sich die Epigonen derselben jedoch große Reichthümer zu schaffen.

Die Einbalsamirer, welche als die pathologischen Anatomen des alten Aegypten anzusehen waren, wußten für ihre zweifelsohne, mühevollen Leistungen recht anständige Rechnungen zu machen. So kostete die Mumificirung einer Leiche[54] nach der ersten Klasse 1 Talent Silber, d. i. 2000 fl. Ö. W.; nach der zweiten Klasse 20 Minen = 600 fl., und nur die dritte Klasse kostete eine geringere Summe. Diese Preiscourante sind um so auffälliger, als die Billigkeit des Lebensunterhalts in Aegypten eine fabel= hafte war. Bedenkt man nun, daß die Mumificirung durch ein religiöses Gesetz vorgeschrieben, daß Aegypten dicht bevölkert, und nur einer einzigen Priesterkaste, den Taricheuten, die Ein= balsamirung vorzunehmen gestattet war, so kann man das jährliche Einkommen dieser Einbalsamirer als ein sehr bedeu= tendes veranschlagen.

Zum Schlusse wollen wir noch der Pflege der Wissenschaft, deren einen wichtigen Zweig die Medicin bildete, in Kürze gedenken. — Es ist wohl unnöthig hervorzuheben, daß in einem Lande, dessen geistige Schätze alles Wissen des vorhellenischen Alterthums übertroffen hatten, und dessen Land als die Wiege griechischer Kunst und Religion zu betrachten ist, die Wissen= schaft auch eine ernste Heimstätte besaß. Es gab zahlreiche Schulen, wo eifriger Unterricht ertheilt und mit Strenge überwacht wurde. Maspero entzifferte eine im britischen Museum vorhandene Papyrusrolle,[55] aus der zu entnehmen, daß selbst die Kinder zum Unterricht fleißig angehalten wurden. „Jeden Tag, so lautet eine Stelle daselbst, als Du in der Schule warst, kam Deine Mutter zu Deinem Lehrer, und überbrachte für Dich Brod und Getränke vom Hause." — Dieses deutet darauf hin, daß die Kinder einen großen Theil des Tages behufs des Unter=

richts sich in der Schule aufhielten, und dort in einer Art
Pensionat lebten, wobei die Nahrungsmittel von den Eltern in
natura verabfolgt wurden. Bei fehlender Aufmerksamkeit und
Fleiß hatte der Stock des Magisters rühmlich nachgeholfen, und
man verfuhr hiebei gerade nicht mit großem Zartsinn, selbst
wenn die Studenten schon über das Knabenalter hinaus waren.
„O Schreiber, heißt es dann weiter, sei nicht träge, sonst wirst
Du grün und blau geschlagen!" — Der Unterricht wurde un=
entgeltlich verabreicht oder kostete eine kaum nennenswerthe
Summe.   Diodorus [56]) veranschlagt die Erziehung eines
Knaben bis zur erreichten Mannbarkeit auf 20 Drachmen d. i.
etwa 6—7 fl., worunter auch der Lebensunterhalt zu verstehen
ist. So wie noch heute die arabischen Fellahs Wurzelstauden
kauen und sich kümmerlich nähren und kleiden, so hat auch früher
das Volk die Nahrung von den Früchten des Feldes, die das
üppige Erdreich mühelos erzeugte, entnommen, und sich ent=
sprechend genährt und erhalten.

Der höhere Unterricht umfaßte alle von den Priestern
gewahrten Geheimlehren, und auch jenen Theil der medicinischen
Wissenschaften, dessen wir schon oben gedachten; und selbst höhere
Schulen im Sinne unserer Akademieen oder Universitäten scheinen
schon in früherer Zeit bestanden zu haben. [57]) Mit dem Nieder=
gange des ägyptischen Reiches, welches einst als erobernde Macht
seine Nachbarvölker sich tributpflichtig gemacht hatte, ist das Land
selbst schließlich eine Beute fremder Krieger geworden, die jede
geistige Strömung vernichteten. Als sodann das persische Joch der
Raubsucht und Willkür fremder Satrapen die Zügel schießen ließ
und das Land in seinem Kulturleben ertödtet schien, da war
auch der Untergang des alten Reiches besiegelt, und die an=
wachsende Macht der Griechen und Macedonier, welche unter
dem großen Alexander die Weltherrschaft an sich rißen, hatte

schließlich die Selbstständigkeit Aegyptens vollends zerstört. Doch
noch einmal sollte das alte Pharaonenland in strahlendem Ruhme
erglänzen, als die Nachfolger Alexander's des Großen, die Ptole=
mäer die Herrschaft über Aegypten antraten, und der verfallenen
Wissenschaft in der großartigen Hafenstadt Alexandria eine neue
Stätte gründeten. — Die Gelehrsamkeit der alten Welt erblühte
noch einmal in der neuen Hauptstadt Aegyptens, und dies in
viel bedeutenderem Maße als je zuvor. Frisches Leben pulsirte
in den morschgewordenen Kanälen, welche eine weithinreichende
Kultur vermittelt hatte, und das im Mysticismus ergraute
Aegypten mußte dem in natürlicher Frische erstrahlenden Hellas
seinen Platz in der Kulturgeschichte räumen.

Alles was Kunst und Wissenschaft in jener von hellenischem
Geiste beeinflußten Epoche hervorbrachte, concentrirte sich jetzt
in der Residenz der Lagiden und die Forschungen der Natur=
wissenschaften erstreckten sich auf alle Gebiete menschlichen Wissens,
die auch hier die besten Hülfsmittel vorfanden. Das lärmende
und geräuschvolle Alexandrien, das Paris der alten Welt, das
alle Nationalitäten der antiken Reiche in seinen Mauern sah,
bot nicht nur für Vergnügungen, sondern auch für alle Arten
von Studien das günstigste Terrain. Aegyptier, Juden und
Griechen wetteiferten in der Pflege und im Eifer für die Wissen=
schaften, und die medicinischen Studien entfalteten sich in ern=
sterer Weise. Nebst der großen Bibliothek, einer der größten
Bücher= und Schriftensammlungen, die in der gesammten Welt je
errichtet wurden, hatte eine großartige akademische Stiftung, das
„Museum" [58]), ein glänzendes Zeugniß abgelegt für die geistige
Größe der Ptolemäer. Dies Herrschergeschlecht hatte trotz seiner
großen Neigung zur Pracht und ausschweifenden Verschwendung
den Wissenschaften im Alterthum angelegentliche Pflege angedeihen
lassen, und dadurch nicht nur seinem Zeitalter dauernden Ruhm

erworben, sondern ist auch der Nachwelt mit glänzendem Beispiel vorangegangen, das namentlich von den Kunst und Pracht
liebenden florentinischen Fürsten, den Mediceern, den edelsten
Förderern aller Kunstbestrebungen nachgeahmt wurde. Unter den
Abtheilungen des alexandrinischen Museum's bildete die Medicin[59])
einen wichtigen Theil der vier daselbst errichteten Facultäten;
selbe hatte auch das Studium der Naturgeschichte durch Er-
richtung botanischer und zoologischer Gärten eifrig gepflegt und
zuerst eine anatomische Basis[60]) für die medicinische Wissenschaft zu schaffen versucht. Die in Alexandrien befindliche Hochschule bildete den Ausgangspunkt einer neuen, der natura-
listischen Richtung, die für die griechische und römische Medicin
ausschlaggebend war, und die Geschichte der Medicin lehrt, daß
der Entwicklungsgang, den die Heilkunde noch im nachklassischen
Alterthum sowie im Mittelalter genommen in vorzüglichster Weise
durch die alexandrinische Medicin beeinflußt gewesen. —

Anmerkungen.

1) Die Anfänge der Kultur. Untersuchungen über die Entwicklung der Mythologie, Philosophie, Religion, Kunst u. Sitte. — Aus dem Englischen. Leipzig 1873, I, 281.

2) Herodot historiarum libri IX Lipsiae 1815; II c. 175 u. c. 158. vgl. auch Buckle, Geschichte der Civilisation rc. Deutsch von Arn. Ruge, Leipzig 1870, I, 81.

3) „Pyramiden und Obelisken wurden in den ältesten Zeiten gebaut, denn die spätere Zeit und jede Nation, die ein nützliches Gewerbe treiben konnte, baute keine Pyramiden mehr." — Herder, Ideen zur Geschichte der Menschheit, Tübingen 1827, III, 104. —

4) vgl. Uhlemann, Toth oder die Wissenschaft der alten Aegyptier, Göttingen 1855.

5) I, c. 61 ff.

6) Plutarchi Chaeronensis Moralia etc. Edit. Wyttenbach. Leipzig 1827. De Iside et Osiride II p. 401 ff.

7) Βιβλιοθήκη ἱστορική Bipontii 1793, lib. I c. 11, c. 27 ff.

8) Kurt Sprengel, Geschichte der Arzneikunde, Halle 1793, I S. 48.

9) a. a. O.

10) Herodot l. II, c. 37.

11) Pauly, St. Real-Encyclopädie der klassischen Alterthumswissenschaft, Stuttgart 1864. I S. 305; ferner Herodot l. II c. 111; Diodorus I c. 27.

12) v. später Papyrus Ebers.

13) Rimmel, the book of Perfums, London 1868 p. 35.

14) Chabas, Études sur l'antiquité historique d'après les sources égyptiennes. Paris 1873 p. 161.

15) Die Sonne oder der Gott Ra beschützte den Kopf, Einubis Nase und Lippe, Hathor die Augen, Self die Zähne ꝛc (Maury, de la magie dans l'antiquité). Was das aegypt. Alterthum in seiner kindlichen Einfalt geglaubt, das hat das christliche Mittelalter in naiver Frömmigkeit nachgeahmt. Das erste Glied des Daumens beschützte Gott der Vater, das zweite die heilige Jungfrau ꝛc. die übrigen Theile. — Augenkranke mußten die heilige Clara anrufen, befand die Entzündung sich an irgend einer andern Stelle, so mußten sie sich an den heiligen Antonius wenden. Um sich diese himmlischen Wesen geneigt zu machen, war es nothwendig ihnen Geld zu zahlen, und so wurde die Ausübung der Quacksalberei eine bedeutende Einnahmsquelle; cf. Draper, Geschichte der geistigen Entwicklung Europas. A. d. Engl. Leipzig 1865, II S. 108.

16) Virchow, Ueber die Heilkräfte des Organismus (Sammlung gemeinv. wiss. Vorträge Heft 221) „Seit der ältesten Zeit ist der Gegensatz zwischen der wissenschaftlichen und abergläubischen Medicin ein offen ausgesprochener geblieben." —

17) Die Kenntnisse, die wir heute von der Medicin der alten Aegyptier besitzen, beziehen sich mehr auf die Behandlungsarten als auf die Krankheitsformen und deren Bezeichnungen, und es wäre gewagt viele unserer jetzigen pathol. Begriffe mit den Angaben der altaegypt. Autoren in Einklang bringen zu wollen.

18) Nicht nur in Aegypten und später in Griechenland war der Glaube an Dämonen als Krankheitserreger allgemein, sondern auch im Mittelalter und selbst in der Neuzeit galten Hexen und Teufel häufig als solche; so wurde in Szegedin (Ungarn) selbst zu Anfang dieses Jahrhunderts ein altes Weib wegen „überwiesener" Hexerei auf offenem Markte lebendig verbrannt.

19) Jules Soury, Revue des deux Mondes 1875, 15 Février.

20) L'homme américain in Tylor's: Anfänge der Kultur I B.

21) Uhlemann, Handbuch der aegypt. Alterthumskunde, Leipzig 1857, II B. 256 S.

22) Sprengel a. a. O. S. 41.

23) a. a. O. l. I c. 82.

24) εὔδηλον ὅτι πᾶσαι λῆροί εἰσι, Edit. Kühn XI p. 789.

25) Zeitschrift für aegyptische Sprache und Alterthumskunde von Lepsius 1873 No. 3 u. 1874 No. 5.

26) Prospectus Papyros Ebers conservirt in der Universitätsbibliothek zu Leipzig. Ein hieratisches Handbuch altaegyptischer Arzneikunde ꝛc. herausgegeben von Georg Ebers und Ludwig Stern. 1875.

27) Zu den bisher bekannten von Medicin handelnden Papyrusrollen gehört: Der Berliner medic. Papyrus, ein in Leyden und eine im Britisch Museum aufbewahrte Rolle; alle von geringerem Werthe als die Ebers'sche (Zeitschrift f. aegypt. Sprache rc. 1874, 5.)

28) Ebers datirt die Abfassung seines Pap. aus den ersten Jahrhunderten des neuen Reiches; letzteres ist nach den Berechnungen von Lepsius, Brugsch, Mariette auf 1600—1700 v. Chr. zurückzuführen; cf. Chabas S. 14.

29) Études etc. l. c. p. 51.

30) III B. Mos. 14 u. 15; IV, 5.

31) Chabas, Mélanges égyptologiques Paris 1862 u. Häser, Lehrbuch d. Geschichte d. Medicin, Jena 1875, I S. 53.

32) Sprengel a. a. O. S. 56.

33) Chabas, Études etc. p. 61.

34) Das Kyphi war eine Mischung von 16 verschiedenen Substanzen, jede eine Minne (450 grmm) schwer, u. z. Honig, Wein, Rosinen, Galgan, Harz, Myrrhen, Asphalt, Wachholder, Kalmus rc. de Jside et Osiride l.c. 81.

35) Odyssee IV, 228.

36) Dieser Pap. ist nach Chabas „le plus ancien livre du monde" u. nach Lauth eines der interessantesten Werke der altägypt. Litteratur, das selbst wieder eine Kopie eines Werkes sein soll, dessen Alter auf 5400 Jahre veranschlagt wird. — Sitzungsberichte der kgl. bair. Akademie der Wissenschaften. München 1869, II, 530 ff.

37) νομίζοντες ἀπὸ τῶν τρεφόντων σιτίων πάσας τὰς νουσὰς τοῖσιν ἀνθρώποισιν γίγνεσθαι Herod. II c. 77.

38) de Jside etc. l. c.

39) Herodot a. a. O.; Diodorus I, 82.

40) De Polit. l. III, 2, 15.

41) Schröpfköpfe aus abgeschnittenem Rindshorn wurden in Gräbern gefunden u. Lepsius gedenkt einer Abbildung des Schröpfens. Haeser, a. a. O. S. 57.

42) Lauth, Papyrus Prysse, Sitzungsberichte rc. München 1869, II, 533.

43) Das von Lepsius nach einem in Turin befindlichen Papyrus edirte „Todtenbuch der alten Aegyptier" gibt Aufschlüsse über zahlreiche religiöse Lehren und Gebräuche u. dem üblichen Leichenceremoniel. (Pauly St. R. Encycl.)

44) Herodot II c. 86, Diod. I c. 91.

45) Noctes atticae l. X c. 10.

46) **Herodot** II c. 84.

47) **Plinius** Histor. natural. L. 29, 93.

48) Ebendaselbst L. 26, 2 u. 3.

49) In der aegypt. Abtheilung des Berliner Museums befinden sich Lancetten, Pincetten und Messer. (Haeser S. 57) Es frägt sich nur, ob diese Instrumente nicht einer spätern Epoche angehören. —

50) Études etc. p. 334.

51) **Herodot** III c. 129.

52) „als überaus böse, zanksüchtige und neidische Menschen."

53) **Diodorus** I. c. 82.

54) Ebendaselbst I, 91.

55) **Jules Soury**, Contes et Romans de l' ancienne Égypte. Revue des deux Mondes 1875, 15. Février.

56) I c. 80.

57) In Heliopolis bestand eine Priesterschule, in Theben eine Militärakademie und in Memphis eine Gelehrtenschule; während diese Schulen bloß einzelne Fakultäten repräsentirten, soll in Chenu etwa 2500 Jahre vor unserer Aera eine Art Universität bestanden haben, in welcher die verschiedensten Wissenszweige in didactischer Weise vorgetragen wurden. — Ausführliche Mittheilungen liefert Lauth. „Ueber die alt-aegyptische Hochschule von Chenu" in d. Sitzungsbericht. d. Kgl. Akad. d. Wiss. in München. Hist. Klasse 1872 I S. 29 ff.

58) Parthey, das alexandrinische Museum. Berlin 1838. Ritschl, die alex. Bibliotheken ꝛc. Breslau 1838. Weniger in Virchows „wissenschftl. Vorträgen" Heft 231.

59) Draper, Geschichte d. geist. Entwicklung ꝛc. I S. 349.

60) Für die medicin. Abtheilung wurde ein anatomisches Theater hergerichtet, wohin nicht bloß Leichname kamen, sondern auch Lebende, nämlich zum Tode verurtheilte Verbrecher. Draper, Geschichte der Conflicte zwischen Religion und Wissenschaft. Leipzig 1875 S. 21.

Druck von Gebr. Unger (Th. Grimm) in Berlin, Schönebergerstr. 17 a.

Zum bevorstehenden Weihnachtsfeste empfehlen wir folgende Werke desselben Verlages als

Weihnachtsgeschenke.

Sammlung gemeinverständlicher wissenschaftl. Vorträge

herausg. von **R. Virchow** u. **Fr. v. Holtzendorff.** Jahrgang I. II. III. IV. V. VI. VII. VIII. IX. eleg. broch. à 12 Mark, eleg. geb. in Halbfranzband à 14 Mark. (Inhaltsverzeichniß in jeder Buchhandlung.)

Deutsche Zeit- und Streit-Fragen. Herausgegeben von

Fr. v. Holtzendorff und **W. Oncken.** Jahrgang I. II. III. eleg. broch. à 12 Mark, eleg. geb. à 14 Mark. (Inhaltsverzeichniß in jeder Buchhandlung.)

C. Adami, Das Weltall, populär beschrieben

und bildlich dargestellt. gr. 8. Vier Abtheilungen mit einem Atlas in Folio, 10 Mark; dasselbe mit Atlas in Mappe 11 Mark, Abtheilung I: **Die Erde.** II: **Der Mond.** III: **Das Sonnensystem.** IV: **Der gestirnte Himmel.**

Alberti, C. E. R., Shakespeare-Album. Des Dichters Welt=

und Lebensanschauung, aus seinen Werken systematisch geordnet. eleg. geb. mit Goldschnitt 3 Mark.

Berger, Ferd., Handbuch zum Gebrauch für das anatomische

Studium des menschlichen Körpers, besonders für bildende Künstler und Dilettanten der Kunst. 10 Kupfertafeln und 2 Steindrucktafeln in Folio mit Text im Umschlag. Dritte Auflage. 1867. 6 Mark.

Bonnell, H. E., Auswahl deutscher Gedichte und Lehr-

buch der Poetik. In Halbleinen geb. 5 Mark 25 Pf. — In Ganz=leinen geb. 6 Mark 25 Pf.

Frauen-Album, Charakterbilder aus alter und neuer Zeit.

Unter Mitwirkung von: Clarissa Lohde, E. A. Brachvogel, Gustav zu Putlitz, J. D. Georgens, L. Pietsch, F. Arndt, Max Ring und Elise Oelsner herausgegeben v. J. M. v. Gayette-Georgens u. Hermann Kletke. gr. 8. 1870. 9 Mark.

—————", eleg. geb. in Orig.=Band 10 Mark 60 Pf.

Genrebilder, von Robert Alexander. Eleg. geb. mit Gold=

schnitt 2 Mark 80 Pf.

Goldammer, H., Der Kindergarten. Handbuch der Fröbel'-

schen Erziehungsmethode, Spielgaben und Beschäftigungen. Nach Fröbel's Schriften und den Schriften der Frau B. v. Marenholtz=Bülow bearbeitet. Mit Beiträgen von B. v. Marenholtz-Bülow.

Dritte vermehrte und umgearbeitete Auflage. 1874. Zwei Bände gr. 8. Mit 120 Tafeln Abbildungen.

I. Theil: **Die Fröbel'schen Spielgaben.** (Mit 60 Tafeln Abbildungen.) 5 Mark 60 Pf. (geb. in Orig.-Band 7 Mark.)

II. „ **Die Beschäftigung des Kindergartens.** (Mit 60 Tafeln Abbildungen.) 4 Mark 20 Pf. (geb. in Orig.-Band 5 Mark 60 Pf.)

In einer bereits in Vorbereitung befindlichen Fortsetzung wird der Verfasser die gymnastischen und sprachlichen Bildungsmittel für das vorschulpflichtige Alter liefern.)

Grave, Agnes [e. Frau Lee, Roman für gebildete Frauen und Jungfrauen. 8. 1869. 5 Mark 60 Pf., cart. 5 Mark 70 Pf.

Gravière, Caroline, Zwei belgische Novellen aus der socialen Welt. Von der Verfasserin autorisirte Uebersetzung. 8. 1873. 3 M.

————— „ —————, eleg. gebd. 4 Mark 50 Pf.

Huber, Johannes, Der Jesuiten-Orden nach seiner Ver-fassung und Doctrin, Wirksamkeit und Geschichte charakterisirt. gr. 8. 1873. 9 Mark, eleg. geb. 11 Mark.

Jacoby, Leopold, Weinphantasieen. Zweite Auflage. eleg. brosch. 1 Mark 20 Pf. — Eleg. cart. 1 Mark 60 Pf.

Memoiren einer Nähnadel, von Adele Couriard. Mit Autorisation des Verfassers und des Verlegers übersetzt von C. P. Zweite Aufl. (Für junge Mädchen bis zum 15. Jahre.) cart. 3 M. 60 Pf.

Rammelsberg, C. F., Prof. Dr., **Grundriß der Chemie,** gemäß den neueren Ansichten. Vierte verbesserte Auflage. 6 Mark 60 Pf., eleg. geb. 8 Mark 60 Pf.

Schweichel, Rob., Redacteur der Romanzeitung, **Novellen aus** der romanischen Schweiz. I., II., III. Sammlung. Preis für alle drei zusammen 10 Mark.

Taubert, E., Neue Gedichte. Eleg. geb. mit Goldschnitt 4 Mark.

Troschel, Dr. Fr. Herm., Handbuch der Zoologie. Siebente umgearbeitete Auflage. 9 Mark, eleg. geb. 11 Mark.

Wolff, Dr. Carl, Lehrbuch der allgemeinen Geschichte. 3 Theile. Zweite Auflage. 7 Mark 80 Pf., eleg. geb. 9 Mark 80 Pf. Theil I. Alte Geschichte. — Theil II. Mittlere Geschichte. Theil III. Neuere Geschichte.

—————, **Karte des brandenburg-preußischen Staates** nach seiner geschichtlichen Entwickelung unter den Hohenzollern. Papier-Größe 52:75 Cm. Karten-Größe 37:53 Cm. Eleg. in Farbendruck hergestellt. 1 Mark.

—————, **Karte der mitteleuropäischen Staaten nach** ihren geschichtlichen Bestandtheilen des ehemaligen römisch-deutschen Kaiserreichs. Papiergröße 79:95 Cm.; Karten-Größe 65:78 Cm. 8 Mark. Auf Leinwand gezogen, gefirnißt, mit Stäben und Ringen versehen (an die Wand zu hängen) 16 Mark.

—————, **Die unmittelbaren Theile des ehemaligen** römisch-deutschen Kaiserreiches nach ihrer früheren und gegenwärtigen Verbindung. 8 Mark 60 Pf., eleg. gebd. 10 Mark 60 Pf.

Vorbehaltlich etwaiger Abänderung werden sodann nach und nach erscheinen:

Meyer (Dresden), Die Minahassa auf Celebes.
Trosien (Hohenstein), Lessings Nathan der Weise.
Virchow (Berlin), Städtereinigung.
Sadebeck (Berlin), Europäische Gradmessung.
Stricker (Frankfurt a. M.), Goethe's Beziehungen zu seiner Vaterstadt.
Mehlis (Dürkheim a. H.), Der Rhein und der Strom der Kultur in Kelten- und Römerzeit.
Münter (Greifswald), Ueber Muscheln, Schnecken und verwandte Weichthiere.
Liebreich (Berlin), Ueber Ozon.
Claus Groth (Kiel), Fritz Reuter.

Deutsche
Zeit- und Streit-Fragen.

Flugschriften zur Kenntniss der Gegenwart.

Herausgegeben
von
Fr. v. Holtzendorff und W. Oncken.

Jahrgang V. 1876. Heft 65—80 umfassend.

Im Abonnement jedes Heft nur 75 Pfennige.

Die überaus günstige Aufnahme, welche die vier bis jetzt erschienenen Jahrgänge der Zeitfragen gefunden haben, ist der beste Beweis für die Zeitgemäßheit und Gediegenheit dieses Unternehmens. Im neuen V. Jahrgang (1876) sind bereits ausgegeben:

Heft 65/66. **Gareis** (Gießen), Irrlehren über den Culturkampf.
„ 67. **Jannasch** (Dresden), Die Volksbibliotheken, ihre Aufgabe und ihre Organisation.
„ 68. **Graue** (Jena), Der Mangel an Theologen und der wissenschaftliche Werth des theologischen Studiums.
„ 69. **Vogel** (München), Einige Ansprüche d. Landbaues a. Steuer- u. Zollentlast.
„ 70. **Lammers** (Bremen), Der Moorrauch und seine Culturmission.
„ 71. **Wittmeyer** (Nordhausen), Ueber die Leichenverbrennung.
„ 72/73. **Schneider** (Bremen), Die ungedeckte Banknote und die Alternativ-Währung.
„ 74. **Laspeyres** (Gießen), Das Alter der deutschen Professoren.
„ 75. **Baumgarten** (Rostock), Der Kampf um das Reichscivilstandsgesetz in der deutschen protestantischen Kirche.

Folgende Beiträge werden, vorbehaltlich etwaiger Abänderung im Einzelnen, nach und nach ausgegeben werden:

v. Holtzendorff (München), Reform des Gefängnißwesens.
Meyer, J. B. (Bonn), Die Bildung der Frauen.
Heß (Gießen), Waldschutz und Schutzwald.
v. Schulte (Bonn), Das Wallfahrtswesen der katholischen Kirche.
Oncken (Gießen), Zeitgeschichtliche Skizzen.
Höchstetter (Lörrach), Ulrich Zwingli und die Wurzeln der religiösen Weltanschauung unserer Tage.
Sander (Barmen), Die öffentliche Gesundheitspflege.
v. Jagemann, E. (Freiburg i. B.), Die Stellung der Niederdeutschen (Vlaamen) in Belgien.
Cohn, G. (Zürich), Ueber die Vertheuerung des Lebensunterhaltes in der Gegenwart.
Horwicz, A. (Magdeburg), Wesen und Aufgabe der Philosophie, ihre Bedeutung für die Gegenwart und ihre Aussichten für die Zukunft.

Mit diesen beiden Sammelwerken, welche sich gegenseitig ergänzen (denn was bei der „Sammlung" ausgeschlossen ist, die politischen und kirchlichen Parteifragen, bildet bei den „Zeitfragen" das Hauptmotiv), dürfte eine bisher tief empfundene Lücke wirklich ausgefüllt werden.

Die **Sammlung** bietet einem Jeden die Möglichkeit, sich über die verschiedensten Gegenstände des Wissens Aufklärung zu verschaffen und ist auch wiederum so recht geeignet, den Familien, Vereinen ꝛc. durch Vorlesung und Besprechung des Gelesenen reichen Stoff zu angenehmer und zugleich bildender Unterhaltung zu liefern. In derselben werden alle besonders hervortretenden wissenschaftlichen Interessen unserer Zeit berücksichtigt, als: Biographien berühmter Männer, Schilderungen großer historischer Ereignisse, volkswirthschaftliche Abhandlungen, kulturgeschichtliche Gemälde, physikalische, astronomische, chemische, botanische, zoologische, physiologische, arzneiwissenschaftliche Vorträge: und erforderlichen Falls durch Abbildungen erläutert. Rein politische und kirchliche Partei-Fragen der Gegenwart bleiben ausgeschlossen.

Die **Zeitfragen** sind ganz besonders dazu angethan, die, die Gegenwart besonders berührenden Interessen in einer den Tag überdauernden Form uns in allgemein verständlicher Weise vor Augen zu führen und geben somit Gelegenheit sich über die brennendsten Tagesfragen ein erschöpfendes Verständniß zu verschaffen. Dieselben nehmen sich die großen Angelegenheiten der Gegenwart, die Streitfragen der Schule und des Unterrichtswesens, der Arbeiterbewegung, der Kirche, der Literatur und Kunst, des Staates und der auswärtigen Politik ꝛc. ꝛc. zum Gegenstande ihrer Betrachtung.

Bestellungen nimmt jede Buchhandlung entgegen.
Inhaltsverzeichnisse ebendaselbst.

Berlin SW., 33. Wilhelmstraße 33.

Carl Habel.
(C. G. Lüderitz'sche Verlagsbuchhandlung.)
